Masoliver   Håkanson   Beeck
adapted by M C M Roberts

Eso es 1

Student's Book

Illustrated by Göran Lindgren

Longman

LONGMAN GROUP UK LIMITED
Longman House
Burnt Mill, Harlow, Essex CM20 2JE, England
and Associated Companies throughout the world.

© Joaquin Masoliver, Ulla Hakanson, Hans L Beeck and
   Almqvist & Wiksell Läromedel AB, Stockholm 1973

© English edition Longman Group Ltd 1975

First published in Sweden by Almqvist & Wiksell 1973
First published in Great Britain by Longman Group Ltd 1975
Fifteenth impression 1989
ISBN 0 582 22248 6

Drawings by Göran Lindgren
English adaption by M C M Roberts
Produced by Longman Group (FE) Ltd
Printed in Hong Kong

We are grateful to the following for permission to reproduce
photographs:

Pp. 50, 55, 59 Agencia Efe, Madrid; p. 43 *left* Harry Dittmer/TIO;
pp. 29 *middle*, 63 Wolf Krabel; p. 67 Göran Lindgren; pp. 35
bottom right, 51 *bottom* Ministerio de Información y Turismo; p. 28
Lennart Olson/TIO; p. 35 *top left* Paisajes Españoles, Madrid;
pp. 29 *top and bottom*, 35 *bottom left and top right*, 43 *right*,
51 middle, 54 Pressens Bild, p. 62 Swedish Features/Bobi
Sourander; p. 51 top Swedish Magazine Service.

Eso Es 1

Student's book
Workbook
Teaching guide
Set of two twin-track tapes (5" at 3¾ ips)
(also available on cassette)

Eso Es 2

Student's book
Workbook
Set of two twin-track tapes (5" at 3¾ ips)
(also available on cassette)

Foreword

ESO ES 1 is the first stage of a two-year Spanish course for students in secondary schools and day or evening classes in Colleges of Further Education. It comprises a student's book with accompanying tape recording, a (non-disposable) workbook and a teaching guide (including a key to the exercises) and aims from the very start to build up a knowledge of everyday Spanish, both spoken and written, to stimulate interest in the land and peoples of Spain and Latin America and to prepare students, after two years' study, for an examination of O level standard.

The student's book material in the form of prose and dialogues — some of the latter very short and readily committed to memory — lends itself to both group and individual work by the students after they have listened to the relevant tape recording and looked at the illustrations to which it refers. The entire text has been recorded by a team of experienced native speakers, ensuring that the students have an opportunity to accustom themselves to different voices and to acquire correct pronunciation and intonation from the start.

The vocabulary has been selected with the object of enabling the student to deal effectively with everyday situations. Lesson wordlists have been included in the workbook for the convenience of users, in addition to the general alphabetical vocabulary in the student's book.

Grammar content has been limited to what is essential. In most lessons there is a foretaste of a point very shortly to be introduced, as well as the main grammar point which the lesson is designed to teach and, of course, systematic revision. Grammatical explanations, based on examples generally taken from the text, have been kept as succinct as feasible.

The workbook is intended to encourage oral work in groups or pairs, as well as individual written practice. Variables within a given framework provide scope for adaptation and composition under control; the student has room for manoeuvre but not for floundering. Indication is often given in the workbook of the lines or sections of a lesson in the student's book on which a particular exercise is based, so that students can refer to these for guidance; for quick workers and able linguists, there is supplementary material marked with an asterisk in both the student's book and workbook.

Apart from their obvious linguistic value, the background sections can be used as a starting point for topic study in English of the areas concerned, the students following lines of enquiry of their own choice.

After studying fifteen lessons of Stage 1, students should be able to greet people, introduce themselves, express simple likes and dislikes, buy stamps, newspapers and certain garments, write simple postcard messages and read the more usual announcements. After completing Stage 1, they should be able to deal with a considerable variety of everyday situations, including the doctor's consulting room, the bank, the travel agency and the police station, as well as the supermarket; they should be able to say what they intend to do, have done and did, as well as what they do, and will have had an opportunity to learn the appropriate terms for letters to friends and more formal correspondence. In short, they will be in a position to visit Spain, not simply as tourists, but to join in the life of the country and make contact with her people.

M C M ROBERTS

Contents
* Supplementary text

Lesson	Subject matter	Main grammar points	Revision	Grammar preview
22, p. 38 **El tren no llega**	Waiting for the train	pres. part. **-ar, -er, -ir** verbs; **otro, medio**	weather, clock	**a** + pers. dir. obj.
23, p. 39 **Una familia nerviosa**	At the railway station	direct object pronouns; **ver**; **a** + pers. obj.	**me /te/ gusta**; **acabar de** + inf.	**están nerviosos**
24, p. 40 **El piso nuevo**	The house, furniture	**poner**; direct obj.: pron. with inf.		
25, p. 41 **En la agencia de viajes**	At the travel agency	numerals from 1 000	**tener que** + inf. clock, numerals, ordinals, dates	**hay que**
26, p. 42 **El sur**	Background: S. Spain			
27, p. 44 **Un campesino andaluz**	Andalusians talking	**conocer**, pres.	**a** + pers. dir. obj; gerund; **ir**	**estar contento**; fut. with **ir**
28, p. 45 **En la aduana** **En el cine**	At the customs At the cinema	poss. pron.	**¿de quién es?** **ese - este - aquel**	**está libre, ocupado**
29, p. 46 **Algo diferente**	Planning the menu	future with **ir**; **hay que**; quantities + **de**; diminutives		**lo que**
De compras **En el puesto de pescado**	At the supermarket and the fish-monger's		**lo que** **algo - nada**; numerals	**póngame . . .** **¿a cuánto están?**
En la cocina	In the kitchen	**haber**, pres; perfect of regular verbs; dir. obj. pron, with perf.	fut with **ir**; **hay que**; **mira**	
En el comedor	Laying the table	dir. obj. pron. with pres. part.; perf. **poner**		**está sucio**; **está roto**
A la mesa **De sobremesa**	Table talk	perf. **volver, hacer, escribir, abrir, decir**; **ser** and **estar** + adj.		**muchísimo**
Suena el teléfono	On the phone	**ver**, perf; **estar** + past participle.	**dígame**; **diga**	**te parece**
30, p. 50 **El este** **Los Caballé**	Background: eastern Spain Fruitgrowers	reflexive verbs **alguien**; **no . . . nadie**		
31, p. 52 **El ministro**	Have you seen them?	**alguno - ninguno**; **algún - ningún**; **alguna - ninguna**	perf; dir. obj. pron.	**les**, indirect obj. pron.

1 En la frontera

A ¿Qué hay en el bolso?
B Hay un disco y un libro.
A ¿Algo más?
B Sí, hay también una carta y una revista.
A ¿Qué es esto?
B Es una cámara fotográfica.

A ¿Qué hay en la maleta?
B ¿En qué maleta?
A En la maleta negra.
B Camisas y botellas.
A ¿Botellas? ¿Cuántas?
B Dos o tres.
A ¿Dos o tres?
B Cuatro.

A ¿Tabaco? ¿Chocolate?
B No, señor.
A ¿Qué hay en la maleta blanca?
B Camisas, discos . . .
A ¿Discos? ¿Cuántos?
B Hay cinco discos.

2

¿Dónde está?

A Burgos está en España.
B Y Toledo, ¿dónde está? ¿También en España?
A Sí, está también en España.
B ¿Y Lima también?
A No, Lima no está en España. Está en Perú.

A ¡Buenos días, señora!
B ¡Buenos días, señor!

A ¡Buenos días, señor! ¿Cómo está usted?
B Muy bien, gracias, ¿y usted?
A Muy bien.

A ¡Adiós, señora!
B ¡Adiós, señor!

A Hoy voy a Sagunto.
B ¿A Sagunto? ¿Dónde está?
A Está entre Valencia y Castellón.
B ¿Cómo vas? ¿En tren?
A No, voy en autobús.

3 España

Esto es España. Aquí se habla español.

Madrid es la capital de España.
Está en el centro del país.
Barcelona es una ciudad grande.
5 Está en el noreste, en la costa.
En Barcelona hay una fábrica de coches, la SEAT.
Badajoz está en el oeste,
Bilbao en el norte y Sevilla en el sur.
Mallorca es una isla.
10 Los Pirineos están en el norte.
España limita con Francia y Portugal.
España exporta naranjas, vino tinto, jerez, zapatos . . .

aquí here
se habla is spoken
español Spanish
la capital de España the capital of Spain
el centro del país the centre of the country
una ciudad grande a large city
en el noreste in the north-east
en la costa on the coast
una fábrica de coches a car factory
en el oeste in the west
en el norte in the north
en el sur in the south
una isla an island
los Pirineos the Pyrenees
limita con borders on
Francia France
exporta exports
la naranja orange
el vino tinto red wine
el jerez sherry
el zapato shoe
el río river
el mar sea
el océano ocean

Latinoamérica

> A Mañana voy a Montevideo.
> B ¿A Montevideo? ¿Dónde está?
> A En Uruguay.
> B ¿Va usted en avión?
> A No, voy en barco.

el *Mar Caribe* the Caribbean Sea
el *Océano Pacífico* the Pacific Ocean
el *Océano Atlántico* the Atlantic Ocean

En un avión

A ¿Adónde va usted?
B Voy a Cuba.
A ¿El avión no va a Ecuador?
B No, señorita, va a Cuba.

9

4 En la calle

❶ La señorita Molina está en la calle de Solana.
Lleva una maleta negra y una cámara fotográfica.
Busca el hotel Goya.
En la calle hay una farmacia, un banco y dos bares.
No hay hoteles.
En la calle hay autobuses y coches.

❷ En la calle de Cervantes hay un hotel.
No es el hotel Goya. La señorita entra en el hotel.

La señorita	¡Buenos días, señor! ¿Dónde está el hotel Goya, por favor?
El portero	¿El hotel Goya? No sé dónde está, señorita. ¡Pregunte a un guardia!

❸
La señorita	¿Dónde está el hotel Goya, por favor?
El guardia	En la plaza de Colón.
La señorita	¿Está lejos?
El guardia	No, señorita, está cerca. Está allí.
La señorita	Gracias.
El guardia	No hay de qué.

* ¿Cuántas paradas?

A ¿La plaza de España, por favor?
B Tome el autobús número seis.
A ¿Cuántas paradas hay?
B Cinco, señorita.

A ¡Buenos días!
B ¡Buenos días! ¿Cómo está usted?
A Muy bien, gracias, ¿y Ud?
B Pues, regular.

❻ ¿Adónde vas?

José ¡Hola, Carmen! ¿Qué tal?
Carmen Bien, ¿y tú?
José Muy bien, gracias.
Carmen ¿Adónde vas?
José Al cine, ¿y tú?
Carmen A la biblioteca. ¡Hasta luego!
José ¡Hasta luego!

5 En Barcelona

¿Quién es la chica que está en la calle?
Es María. Trabaja en el hotel Goya. ¿Qué hace allí?
Trabaja en la cocina. Es cocinera.
　　Y ¿quién es el chico? Es Carlos.
5　Monta coches en la fábrica SEAT. Es mecánico.
Ahora va en bicicleta a la fábrica.

Carlos	¡Hola, María! ¿Qué tal?
María	¡Hola, Carlos! Bien, ¿y tú?
Carlos	Muy bien. ¿Trabajas aquí ahora?
10 *María*	Sí, y tú, ¿dónde trabajas?
Carlos	En la SEAT.
María	¿Ganas mucho?
Carlos	No. Trabajo mucho, pero gano poco.
	Y tú, ¿ganas mucho en el hotel?
15 *María*	No, y yo también trabajo mucho.
	Pero pronto voy a París a trabajar
	en un restaurante.
Carlos	¿A París? Pero, ¿por qué?
María	Porque mi familia está allí.
20	¡Hasta luego!
Carlos	¡Hasta luego! ¿Adónde vas?
María	Voy a casa de Mari Carmen.

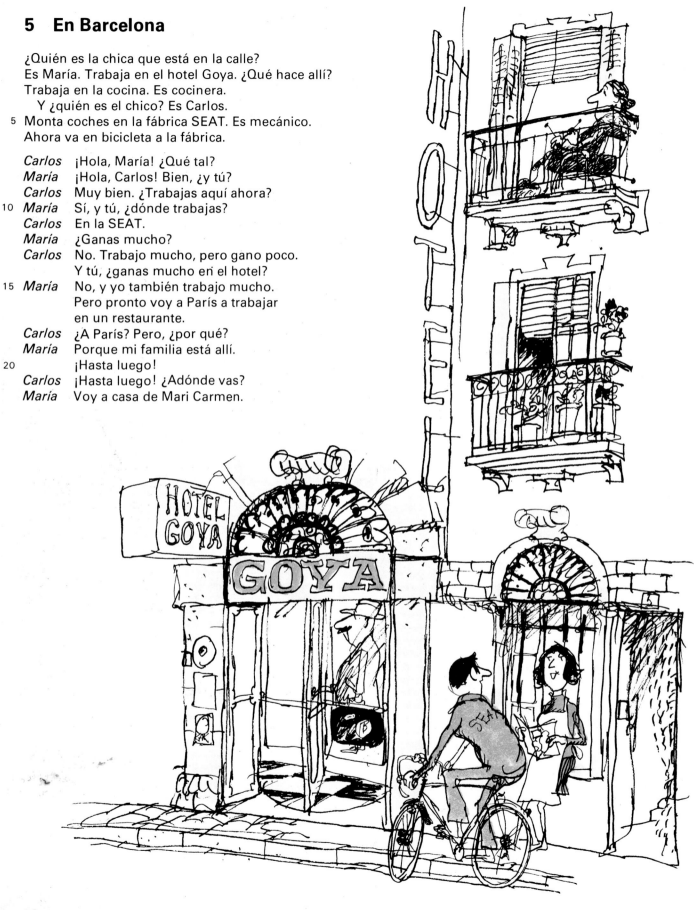

6 Postales y sellos

Tres postales

A ¿Qué es esto?
B Es un cuadro de Picasso.
A ¿Cuánto cuesta?
B Siete pesetas.
A Tenga, diez.
B Tenga la vuelta: . . . ocho, nueve y diez, gracias.

A ¿Qué iglesia es?
B Es la catedral de Burgos.
A ¿Cuánto cuesta?
B Trece.
A ¿Cuánto? ¿Tres?
B Trece, señor, trece.

A ¿Quién es?
B Paco Camino. Once pesetas.
A Tenga quince.
B Gracias, tenga la vuelta: doce, trece, catorce
   y quince.

En la estafeta de correos

A Deme dos sellos de seis pesetas, por favor.
B Tenga, son doce pesetas, señorita.
A Tenga, gracias.

7 En casa de Mari Carmen

María y Mari Carmen están en casa de Mari
Carmen, en la cocina. Hay una mesa y tres sillas.
En la mesa hay dos tazas. Las chicas toman café.
Entran los padres de Mari Carmen.
5   La madre trabaja en casa, el padre en una
empresa que exporta maletas y bolsos. Pero hoy
no trabajan. Es domingo.

La madre Buenas tardes, María. ¿Cómo está usted?
María Muy bien, gracias, ¿y usted?
10 **La madre** Muy bien, gracias. Mari Carmen dice
que usted va a París.
María Sí, mi familia está allí. Mi padre
trabaja en un restaurante.
El padre ¿Vamos?
15 **Mari Carmen** ¿Adónde vais?
El padre Al cine de la calle de Solana.
Mari Carmen ¿En la calle de Solana hay un cine?
La madre Sí, es nuevo. Bueno, ¡vamos, Ricardo!
¡Hasta luego, chicas!
20 **Las chicas** ¡Hasta luego!

Mari Carmen busca trabajo

Mari Carmen ¿Cuántos trabajáis en el hotel?
María Seis: tres chicas, dos chicos y el jefe.

Mari Carmen ¿Es simpático?
25 **María** ¿Quién? ¿El jefe? Sí, pero es muy exigente.
Mari Carmen ¿Trabajáis mucho?
María Yo trabajo ocho horas al día. Por la mañana
de ocho a una. Y por la tarde de cuatro a
siete. Pero hoy no trabajo por la tarde.
30 **Mari Carmen** ¿Quiénes son los chicos?
María Luis y Alberto. Luis es portero y trabaja
en la recepción. Es muy simpático.
Alberto trabaja en el bar.
Mari Carmen Ahora que tú vas a París, ¿no
35 necesitan una cocinera?
María No sé. Luis dice que buscan chicas en
el hotel Continental.
Mari Carmen Sí, pero está muy lejós. Y no pagan
mucho.

* **PENSIÓN** necesita dos camare-
ros y una cocinera.
Teléfono: 2 11-12-15

**RESTAURANTE
MODERNO** necesita cama-
rero con experiencia. 12 mil
ptas. al mes, con las pagas.
Teléfono 2 12-14-10.

HOTEL CONTINENTAL
busca chicas. 8.000 ptas. al mes,
con las pagas.
Teléfono: 2 11-13-04.

8 En las Ramblas

❶ Periódicos

A El ABC, por favor.
B Tenga, ocho pesetas.
A ¿Cuánto? ¿Ocho?
B Sí, es domingo.
A. ¡Ah, sí! Es verdad. Tenga, diez.
B Gracias. Tenga la vuelta: . . . nueve y diez.

❷ Revistas

A Blanco y Negro, por favor.
B No quedan, señora.
A ¿Qué revistas tiene usted?
B Tengo Hola y Semana.
A Deme Semana, por favor.
   ¿Cuánto cuesta?
B Quince pesetas.

❸

* Lotería

A El gordo para hoy. ¿Quién compra el gordo?
B Deme cuatro números, por favor.
A Son veinte pesetas.

❹ ¿Está lejos?

A La Sagrada Familia, ¿está lejos?
B ¿Va en coche?
A No, voy a pie.
B Está a unos treinta minutos de aquí.

❺ ¿Cuántos años tienes?

A ¿Cuántos años tienes?
B Siete.
A Yo tengo seis. A ver si adivinas cuántos años
   tiene mi padre.
B No sé . . . ¿treinta?
A Más . . .
B ¿Cuarenta?
A Menos . . .
B ¿Treinta y cinco?
A Eso es, treinta y cinco.

9 En la calle de la Cruz

La calle de la Cruz está en el centro de Madrid.
Allí está el estanco de la señora Valera.
Delante del estanco hay un buzón. A la derecha
del estanco hay un bar. A la izquierda de la
5 farmacia hay una tienda de bolsos y maletas.
    Delante de la farmacia hay un coche negro.
¿De quién es? Es del señor Sotelo. Trabaja
en la farmacia. Delante del bar hay una moto.
Es de Paco. Paco está en el bar.

El estanco

10 El señor Sotelo entra en el estanco. Desea
comprar cigarrillos. En el estanco hay cigarrillos,
pipas y cajas de cerillas. Los cigarrillos y las
pipas están a la derecha. A la izquierda hay
sellos, postales y también bolígrafos.

15 *El señor* Buenos días.
La estanquera Buenos días, señor. ¿Qué desea?
El señor Deme un paquete de 46, por favor.
La estanquera No hay, señor. Pero aquí tengo
            una marca nueva. ¿Desea esta marca?
20 *El señor* No, deme un paquete de Ducados.
La estanquera Muy bien. ¿Algo más?
El señor Sí, necesito un bolígrafo.
            Los bolígrafos pequeños que están
            allí, delante de las pipas, ¿son caros?
25 *La estanquera* ¿Estos? No, son baratos.
            Cuestan 12 pesetas.
El señor Allí, al lado de las postales,
            hay un bolígrafo grande . . .
La estanquera ¿Este?
30 *El señor* Sí, ¿cuánto cuesta?
La estanquera 32, señor.
El señor Demasiado caro. Deme un bolígrafo
            pequeño, pues. 12 pesetas, ¿no?
La estanquera Sí, 12.

10   El bar Granada

El bar Granada es pequeño. En el bar sólo
hay seis mesas. Pero la barra es muy larga. En
el centro de la barra hay una lámpara. A la
derecha hay una cafetera.
5   Delante de la barra hay tres taburetes muy
altos. Allí está el camarero. Fuma un cigarrillo.
Su bandeja está en la barra. En la bandeja hay
un vaso grande y tres tazas pequeñas.
El barman está detrás de la barra. Escucha
10 la radio. Encima de la radio hay muchas
botellas.
En una mesa hay dos chicas y un chico. Una
de las chicas es morena y la otra es rubia.
El chico también es moreno.
15   Las chicas trabajan en una oficina cerca del
bar y el chico estudia en el Instituto Lorca.

En otra mesa hay un señor. Trabaja en el
Banco de Santander que está cerca. Siempre
desayuna en este bar. En la mesa del señor
20 hay una taza grande. Hoy desayuna café y pan
con mermelada. Fuma en pipa. Busca algo en el
periódico.
Entra una señora. Mira la lista de precios
que está a la izquierda de la barra.

25 *El camarero* ¿Desea tomar algo?
La señora Sí, un refresco.
El camarero ¿Una naranjada, señora?
La señora No, la naranjada no me gusta.
Deme una coca-cola, por favor.
30 *El camarero* En seguida, señora.

CAFÉ

café con leche...12
café cortado....10
café expreso....9

REFRESCOS

limonada.......12
naranjada......12
coca-cola......10

bocadillo de jamón..30
bocadillo de queso...20
bocadillo de tortilla..25

té con limón...15
chocolate.....15
churros.......7
pan...........3
pan tostado....5
mermelada.....8
mantequilla...8

El desayuno

Las chicas toman café con leche y pan con
mermelada. El chico toma una taza
de chocolate con churros.

Cristina	(la chica rubia)
	¿Siempre desayunas en el bar?
Pablo	Sí, siempre.
	No desayuno nunca en casa.
Antonia	Nosotras casi siempre
	desayunamos aquí. Es barato y práctico.
Pablo	¿Y siempre tomáis café?
Antonia	A veces tomo una taza de té con limón
	y una tostada.
Cristina	Yo también tomo té a veces,
	pero me gusta más el café.
Pablo	Yo generalmente desayuno chocolate.
	A veces con churros y a veces
	con pan y mantequilla.

Empiezo a las nueve

Antonia	Es tarde. ¿Vamos, Cristina?
Cristina	Sí, vamos. Pablo, ¿a qué hora empiezas tú
	en el instituto?
Pablo	A las nueve. Y vosotras, ¿a qué hora empezáis
	en la oficina ?
Antonia	A las ocho y media.
Pablo	¿Trabajáis todo el día?
Cristina	No, la oficina cierra a la una.
	Empezamos otra vez a las cuatro de la tarde.
	Y después cerramos a las ocho menos cuarto.
Antonia	Pero no terminamos hasta las ocho de la noche.
	¡Camarero! ¿Cuánto es?
Camarero	A ver, un café con leche son 12 pesetas
	y un pan con mermelada son 11 pesetas.
	Son 23 pesetas cada una, 46 en total.
Antonia	Tenga 50, con la propina.
Camarero	Muchas gracias, señorita.
Antonia	De nada.

⑪ Un jersey azul

A la una y cuarto las chicas van a casa a almorzar.

Antonia	Mira, allí hay una tienda nueva.
Cristina	Voy a mirar si encuentro un
5	jersey barato.

Las chicas miran el escaparate.

Cristina	¿Te gusta este jersey azul?
Antonia	Sí, es muy bonito.

Entran en la tienda.

10 *Antonia*	¡Buenos días! ¿Cuánto cuesta aquel jersey azul?
La dependienta	Ochocientas pesetas.
Antonia	¿Y el jersey rojo?
La dependienta	Cuesta seiscientas pesetas.
15 *Cristina*	¿Tiene una falda del mismo color . . . o amarilla?
La dependienta	No sé, señorita. Pregunte allí, a la derecha. Allí están las faldas y las blusas.

⑫ Una llamada telefónica

El señor García está en un bar con un amigo. Desea llamar a casa. Va a la barra y allí compra una ficha para el teléfono. Cuesta tres pesetas. El teléfono está encima de la barra. El señor
5 García marca su número: 276 84 62. Contesta la criada Felisa:

Felisa	¿Dígame?
El señor	Hola, Felisa. ¿Está la señora?
Felisa	Sí, un momento, por favor.
10 *La señora*	¡Hola, Jaime! ¿Estás en la oficina?
El señor	No, estoy en un bar con un amigo. Hoy no almuerzo en casa. Almorzamos aquí en el bar.
La señora	Muy bien. ¿Estáis lejos de la
15	Casa Barata?
El señor	No, estamos en las Ramblas.
La señora	Estupendo. Oye, Jaime, en la Casa Barata hay rebajas esta semana y los niños necesitan calcetines . . .
20 *El señor*	Bueno, muy bien . . . a ver si encuentro calcetines baratos. ¡Hasta luego!
La señora	¡Hasta luego!

¡Grandes rebajas esta semana!

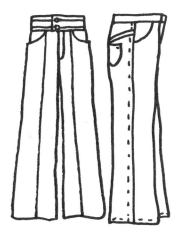

PARA NIÑO

pantalones	desde	**160.—** ptas.
calcetines	desde	**40.—** ptas.
camisas	desde	**155.—** ptas.
tejanos	desde	**160.—** ptas.

PARA NIÑA

faldas	desde	**190.—** ptas.
pantalones	desde	**200.—** ptas.
abrigos	desde	**650.—** ptas.
vestidos	desde	**490.—** ptas.

PARA CABALLERO

corbatas	desde	**75.—** ptas.
abrigos	desde	**690.—** ptas.
pantalones	desde	**290.—** ptas.
camisas	desde	**98.—** ptas.
jerseys	desde	**390.—** ptas.
trajes	desde	**995.—** ptas.
chaqueta	(sport)	**725.—** ptas.

No cerramos a mediodía

PARA SEÑORA

vestidos	desde	**190.—** ptas.
blusas	desde	**170.—** ptas.
faldas	desde	**165.—** ptas.
abrigos	desde	**990.—** ptas.
leotardos	desde	**120.—** ptas.

13 Viajantes

Ramón Martí es viajante. Tiene 33 años.
Trabaja para una empresa textil de Barcelona.
Vende ropa a tiendas y almacenes en el sur de
España. Por eso viaja mucho.

5   Hoy está en Santa Fe, un pueblo cerca de
Granada. Pasea por la calle Isabel la Católica.
Lleva un traje negro. Tiene sed. También tiene
hambre.

    ¿Qué hace? Entra en un bar. Desea comer y
10 beber algo.

    En una mesa pequeña hay dos chicos que
comen un bocadillo. En una mesa grande hay un
señor que lee La Vanguardia. Es Juan Moliner.
Tiene 35 años y es un buen amigo del señor
15 Martí. También es barcelonés. Y también
vende ropa. Pero no trabaja para la misma
empresa que él.

Ramón	¡Hola, Juan! ¿Qué tal? ¿No estás en Barcelona?
20 *Juan*	¡Hola, Ramón! Estamos aquí unos días Carmen y yo. Ella está en el hotel.
Ramón	¿Y los niños?
Juan	Ellos están con los abuelos en Barcelona.
25 *Ramón*	¿En qué hotel estáis?
Juan	En el Gran Hotel Santa Fe. ¿Y tú?
Ramón	Estoy en la pensión Victoria. Está aquí al lado.
Juan	¿Comes en la pensión?
30 *Ramón*	Sí. Y vosotros, ¿dónde coméis?
Juan	Comemos en un restaurante cerca del hotel. Es bueno y no es muy caro. ¿No quieres tomar algo?

Ramón Sí. ¡Camarero! ¡Oiga!
El camarero ¡Diga, señor!
Ramón Deme una cerveza grande, por favor.
        Y algo para comer.
5 *El camarero* ¿Quiere usted un bocadillo?
Ramón Sí, deme un bocadillo de queso, por favor.
El camarero Muy bien. ¿Quiere algo más?
Ramón No, no quiero nada más. Está bien,
        gracias.

* LISTA DE HOTELES

NOMBRE	DIRECCIÓN	CATEGORÍA	PRECIOS				
			Habitación		Comedor		
			sencilla	doble	desayuno	almuerzo	cena
Hotel Colón	Plaza Fernando	***	180	240	45	90	140
Pensión Victoria	Calle San José 18	***	no hay	275	las comidas están incluidas		—
Gran Hotel Santa Fe	Calle Lorca 13	**	155	250	35	80	115
Residencia España	Calle de Madrid 34	**	125	195	las comidas están incluidas		—
Pensión El Dólar	Avenida de América 8	*	85	110	25	65	85

```
*** = primera categoría
**  = segunda categoría
*   = tercera categoría
```

14 Los chicos de Masnou

Masnou es un pueblo que está al norte de
Barcelona.

Carlos y Luis viven en Masnou. Son hermanos.
Carlos tiene 15 años y Luis 13. También
5 tienen una hermana. Se llama Beatriz. Tiene
7 años. Ella estudia la EGB.

Carlos y Luis estudian el bachillerato en el
mismo colegio. Es un colegio religioso.

Los alumnos no almuerzan en el colegio. Van a
10 casa a almorzar. ¿Qué hacen a mediodía
cuando están en casa? Almuerzan, estudian sus
lecciones y miran la televisión.

Hoy es miércoles. Carlos y Luis están en la sala.
Están mirando una película en la televisión.

15 **Carlos**   Esta película no me gusta.
           Es muy mala. ¿Qué hora es?

Luis   Son las tres y pico. ¿Tienes mucho
      trabajo?

Carlos   Esta tarde tengo dos lecciones
20   de geografía. ¿Vosotros tenéis
      también geografía por la tarde?

Luis   Hoy es miércoles, ¿no? Los miércoles
      tenemos dos clases: dibujo y falange.

Carlos   Y mañana nosotros tenemos un examen
25   de francés.

Luis   ¿Vuestra profesora es muy exigente?

Carlos   Sí, tengo que repasar la gramática.
      ¿Dónde están mis libros?

Luis   ¿Tus libros? ¡Qué sé yo! Creo que
30   están debajo de la cama.

Suena el teléfono.

Carlos	¿Dígame?
Paco	Hola, soy Paco. ¿Eres tú, Carlos?
Carlos	Sí, soy yo. ¿Qué hay?
5 Paco	¿Vamos a la piscina esta tarde?
Carlos	¿Esta tarde? No puedo.
Paco	¿No puedes?
Carlos	No, no puedo. Tengo examen de francés mañana.
10 Paco	Bueno, entonces no podemos ir hoy. ¡Qué lástima!

Primer día de clase

— ¿Carlos Martínez?
— Presente.
— ¿José Fuentes?
15 — Presente.
— ¿Carlos Fuentes?
— Presente.
— ¿Sois hermanos?
— No, señor, somos primos.
20 — ¿Federico Barrate?
— Está enfermo, señor. Está en casa.

(José dice a Carlos: Federico no está enfermo, está en la piscina.)

— ¿Alfredo Santini?
25 — Presente.
— ¿Eres italiano?
— No, señor, soy catalán, pero mi padre es italiano.
— ¿Gerardo Puerta?
30 — No está, señor.
— Señor, por favor. ¿Puedo ir al lavabo?
— Bueno, pero tienes que volver pronto.
— Sí, vuelvo en seguida.

El horario de Luis

Horas	Lunes	Martes	Miércoles	Jueves	Viernes
8'30 - 9'30	Lengua	Matemáticas	Ciencias	Religión	Geografía
9'30 - 10'30	Ciencias	Gimnasia	Matemáticas	Ciencias	Matemáticas
10'30 - 11	Recreo	Recreo	Recreo	Recreo	Recreo
11 - 12	Música	Francés	Lengua	Dibujo	Francés
12 - 13	Dibujo	Religión	Geografía	Francés	Gimnasia
16 - 17	Catalán		Dibujo	Lengua	
17 - 18	Geografía			F. E. N.	Trabajos manuales

Luis tiene seis horas de clase tres días de la
35 semana: el lunes, el miércoles y el jueves.
Cuatro por la mañana y dos por la tarde. Los
martes y los viernes no tiene clase por la tarde.
Son sus tardes libres. Y el sábado tampoco
tiene clase.

15 Los meses

enero   abril   julio   octubre
febrero mayo   agosto   noviembre
marzo   junio   septiembre diciembre

SEPTIEMBRE
1
SABADO

A ¿Qué fecha es hoy?
B Hoy es el uno de septiembre.

A ¿Cuándo tienes vacaciones?
B Este año en mayo. ¿Y tú?
A Yo en agosto.

A A ver si adivinas cuándo es el día de mi santo . . .
B No sé . . . ¿En febrero?
A Más tarde . . .
B ¿En abril?
A Antes . . .
B ¿En marzo?
A Eso es. Mañana es el día de mi santo.

En Guatemala no hay primavera

Guatemala está en Centroamérica. Los guatemal-
tecos no hablan de las cuatro estaciones del
año como nosotros: la primavera, el verano,
el otoño y el invierno.

5   En la costa de Guatemala sólo hay dos. ¿Cuáles
son? El invierno y el verano. Desde noviembre
hasta abril es verano. ¿Qué tiempo hace
entonces? Hace calor y generalmente no llueve.
     Desde mayo hasta octubre es invierno. Es la
10   estación de las lluvias. Llueve mucho, pero no
hace frío.

Mar Caribe

MÉXICO

GUATEMALA
Guatemala

HONDURAS
Tegucigalpa

EL SALVADOR
San Salvador

NICARAGUA
Managua

Océano Pacífico

El tiempo

Hace buen tiempo.
Hace sol y hace calor.
Hace 35 grados a la sombra.

Hace frío.
Hace 2 grados sobre cero.

Hace mal tiempo.
Hace frío y hace viento.
Hace dos grados bajo cero.

A ¡Qué calor tengo!
B Sí, hace mucho calor.
A Ya es verano.
B Sí, estamos en junio.

* A ¿Le gusta este tiempo a usted?
  B No, no me gusta mucho. Hace demasiado calor.
  A ¿Vamos a tomar un helado?
  B Sí, vamos.

Dos postales

Madrid, 5 de junio de 1975

Querida Dolores:

Ahora estamos en Madrid. Es una
ciudad enorme. Estamos en una buena
pensión. La comida madrileña me gusta
mucho. Es muy buena.
Hace buen tiempo, pero hace un poco
de aire. Pasado mañana queremos ir a
Valencia. Pensamos pasar el martes
allí.

Saludos,
Antonio (Elena está en el Museo del
Prado.)

Santander, 30 de mayo de 1975

Querido Martín:

Antonio y yo estamos en Santander. Es
una ciudad muy bonita. Estamos en el
hotel Miramar. Es un buen hotel y
podemos ver el mar desde la ventana de
nuestra habitación.
Hace mal tiempo. Llueve todo el día y
hace mucho frío. El jueves queremos ir a
San Sebastián. Y el sábado a Madrid.
Abrazos,
Elena y Antonio

Sr. D. Martín López
Calle de la Cruz 29
Sevilla

Srta. Dolores Villena
Avenida de la República 14
Sevilla

Mar Cantábrico

Océano Atlántico

El Ferrol

La Coruña

ASTURIAS

Oviedo

Santander

PICOS DE EUROPA

Santiago
de Compostela

CORDILLERA CANTÁBRICA

E

GALICIA

León

Vigo

LEÓN

CASTILLA LA VIEJA

B

La Guardia

PORTUGAL

En el norte de España generalmente no hace
mucho calor en verano. La temperatura media
de San Sebastián es de 18 grados en agosto.
En Madrid, en el mismo mes es de 24 grados.
5   Por eso muchos españoles, especialmente
muchos madrileños, pasan sus vacaciones
en la costa del norte. También van turistas
extranjeros allí.
    Esta parte de España se llama también ''La
10 España verde'', porque allí llueve mucho. En
la costa cantábrica hay unos 40 días con sol al
año y en Madrid unos 110.
    En la costa hay mucha pesca, por ejemplo
sardinas y atún. La conserva de pescado es la
15 principal industria de Galicia. Se exporta a
muchos países. En Galicia unas 38 000 personas
viven de la pesca.
    ¿Hay otras industrias en el norte? Sí, hay
muchas industrias porque en Asturias hay minas
20 de carbón. Y el País Vasco es una región rica
en hierro. En las minas de Asturias trabajan unos
40 000 mineros.

La costa de San Sebastián.

En La Rioja hay vino. El vino también se exporta a muchos países.

¿Cuál es la principal ciudad del norte? Es Bilbao que tiene un puerto importante.

5 En el País Vasco se hablan dos lenguas: el español y el vasco.

la temperatura media average temperature	*treinta y ocho mil* 38,000
el español Spaniard	*personas* people
especialmente particularly	*viven de* live by
el madrileño citizen of Madrid	*la mina* mine
el turista tourist	*el carbón* coal
extranjero foreign	*el País Vasco* Basque country
la parte part	*la región* an administrative area which is divided into 'provincias'
se llama is called	
la España verde Green Spain	*rico en* rich in
unos 40 días about 40 days	*el hierro* iron
la pesca fishing	*el minero* miner
por ejemplo for example	*el vino* wine
la sardina sardine	*el puerto* port
el atún tunny, tuna	*importante* important
la conserva de pescado fish canning	*se hablan dos lenguas* two languages are spoken
principal main	
la industria industry	*el español* Spanish
se exporta is exported	*el vasco* Basque
el país country	

En Galicia muchas personas viven de la pesca.

En el norte hay mucho vino, especialmente en La Rioja.

En Asturias hay muchos mineros que trabajan en las minas de carbón.

17 En la playa

El turismo es una fuente de divisas muy importante para España. En verano los extranjeros van a las costas del este y del sur, por ejemplo a la Costa Brava o a la Costa del Sol. En invierno van a las Islas Canarias. El 70% (por ciento) de los turistas que van a España son franceses, ingleses y alemanes.

❶
* A A mí también me gustaría ir de vacaciones…
  B ¿Tú de vacaciones? ¿Adónde te gustaría ir?
  A No sé…quizás a Noruega o a Finlandia…

❷
A Usted no es español, ¿verdad?
B No, soy sueco. Soy de Suecia.
A ¿Y su mujer también es sueca?
B No, ella no. Es inglesa.

❸
A ¿Habla usted español, señorita?
B Sí, un poco. Estudio español en Estocolmo.
A ¿Y su novio también habla español?
B No, él no. Pero entiende un poco.

18 Un pescador

A ¿A qué hora va usted al trabajo?
B A las once de la noche.
A ¿A las once de la noche?
B Sí, soy pescador.
5 A ¿Y cuándo se acuesta usted entonces?
B Vuelvo a casa a las ocho de la mañana.
  Entonces me acuesto.
A ¿Se levanta por la tarde?
B Sí, generalmente me levanto a las dos y media.
10 Pero ya me despierto a eso de las dos.

Álvaro Conqueiro

Álvaro Conqueiro es pescador. Vive en La
Guardia, un pueblo pequeño en Galicia. Está al
sur de Vigo y cerca de la frontera portuguesa.
Su mujer se llama Dolores y trabaja en el
5 mercado del pueblo. Su hijo Eulogio es también
pescador. La mayoría de los habitantes de La
Guardia viven de la pesca.

El padre y el hijo tienen una barca que se
llama "Libertad". No es muy grande.

10 Álvaro y su hijo están cenando en casa.
Dolores está preparando unos bocadillos.

Álvaro   ¿Qué hora es?
Dolores   Son las nueve menos diez. ¿A qué
            hora os vais hoy?
15 *Eulogio* Nos vamos dentro de unos minutos.
Dolores   Cuidado, ¡eh! Hace mucho viento
            esta noche.

El marido y el hijo se levantan de la mesa,
toman un bolso con los bocadillos y salen de
20 casa. Son las nueve de la noche. Van al puerto.
Allí se encuentran con otros pescadores.

A las nueve y media salen del puerto. Se
quedan en el mar toda la noche.

A las cinco de la mañana vuelven al puerto.
25 Ponen las cajas con sardinas y gambas en una
camioneta. Después, a eso de las seis, van al
mercado que está en la plaza. Allí está Dolores.
Ella vende parte de la pesca en el mercado.

Álvaro y Eulogio llevan el resto de la pesca
30 a una fábrica de conservas. En esta fábrica
trabajan muchas de las mujeres de los pescadores.

A las ocho Álvaro y su hijo vuelven a casa.
Desayunan y se acuestan. Se despiertan a las
35 dos de la tarde. Se levantan. Se afeitan y se
lavan. Después van otra vez al mercado. Allí
almuerzan con Dolores en el bar del señor
Silva.

En el centro de España está la Meseta que ocupa el 50% (por ciento) del país. Allí llueve poco. En invierno, a veces, hace 10 grados bajo cero y en verano 35 sobre cero.

5 En el centro del país no hay tanta población como en las costas. La gente trabaja principalmente en el campo. En Castilla la Nueva se cultivan trigo, olivos y viñas.

Muchos campesinos no tienen tierra y como 10 hay poca industria emigran a centros industriales, por ejemplo a Madrid o a Barcelona.

Madrid, capital de España, tiene más de tres millones de habitantes con sus barrios satélites. La ciudad está situada en la Meseta, a unos 600 15 metros de altura.

En Madrid están todos los ministerios y las principales oficinas del Estado. También hay industrias.

Por esto hay muchos emigrantes que buscan 20 trabajo en Madrid. Son sobre todo del sur y del oeste del país, de Andalucía y de Extremadura. No todos los inmigrantes encuentran trabajo.

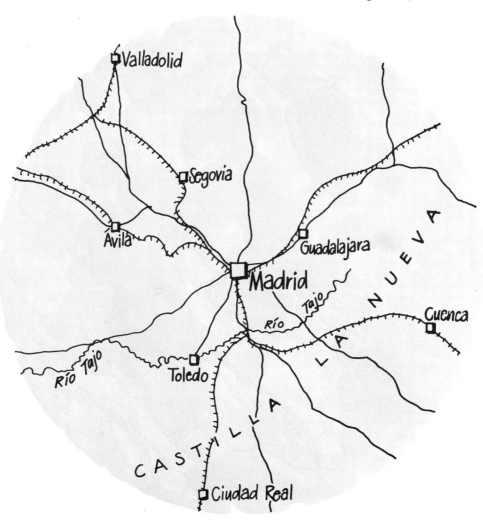

el centro centre	*el olivo* olive tree	*estar situado* to be situated
la Meseta Castilian plateau	*la viña* vineyard	*a unos 600 metros de altura* at a height of
ocupa covers	*el campesino* countryman	some 600 metres
el país country	*la tierra* land	*la altura* height
tanto . . . como as (large) as	*como* as, since	*todos* all
la población population	*emigrar* to emigrate	*el ministerio* ministry
la gente people	*el centro industrial* industrial area	*el estado* state
principalmente chiefly	*la capital* capital	*por esto* consequently
en el campo in the country	*más de* more than	*el emigrante* emigrant
se cultivan are grown	*un millón* a million	*sobre todo* mainly
el trigo wheat	*el barrio satélite* suburb	*el inmigrante* immigrant

Madrid

En Madrid hay casas modernas que son muy altas.
Los edificios más altos están en el centro de la ciudad, junto a la
Avenida de José Antonio, la "Gran Vía".
El edificio más alto es la "Torre de Madrid", a la izquierda en la
foto, junto a la Plaza de España. A la derecha está el "Edificio
España".
En la foto vemos también el monumento a Cervantes. Delante
del monumento están Don Quijote y Sancho Panza.

Como en otras ciudades en Madrid el tráfico es un gran
problema.
En las calles hay muchísimos coches, autobuses y motos.
La contaminación del aire es un problema muy grave. Aquí, en
el centro, el aire es peor que en las afueras.
En la foto vemos la Plaza de la Cibeles. Está en el centro de la
ciudad.
Al fondo está la Puerta de Alcalá.

El parque más grande de Madrid es el Parque del Retiro.
Está en el centro. En la foto hay unas chicas y unos soldados
junto al estanque, un pequeño lago artificial con barcas. Al
fondo está el monumento a Alfonso XII. Aquí, en el parque, el
aire es mejor que en otras partes de la ciudad.

El Museo del Prado es uno de los museos de arte más importantes de Europa. Allí hay más de 3.000 cuadros. Uno de los
cuadros más conocidos es "La Maja Desnuda", de Goya.
En la foto, a la derecha, vemos el cuadro de Goya. En el centro
un guía explica a unos turistas quién es Goya. En el Museo del
Prado hay también muchos cuadros de El Greco y Velázquez.

Trace mill

En el rastro

Un señor	¿Cuánto vale el reloj?
El vendedor	600.
El señor	Es muy caro.
El vendedor	Es un buen reloj.
El señor	Es un reloj viejo.
El vendedor	¿Cuánto me da?
El señor	¿Por ese reloj? Le doy 400.
El vendedor	500, señor.
El señor	450, ¿vale?
El vendedor	¡Vale! Tome usted.

20   La señora Carmen Pérez de González

5°. Izda. Ramón Menéndez Solís
médico

5°. Dcha. José Pérez Delgado
dentista

4°. Izda. Alfonso Alvarado Ortega
abogado

4°. Dcha. Pensión Arcos

3°. Izda. Jesús Colmayo Roca

3°. Dcha. Fernando González Reyes

2°. Izda. Esmeralda Gómez Sainz

2°. Dcha. Juan López Serrano

1°. Izda. Manuel Pérez González

1°. Dcha. José Antonio Argons Moreno

El señor y la señora de González viven en
Madrid, en un barrio antiguo. Ahora vuelven a
casa. En la portería está la portera.

> *Fernando González* ¿Hay algo para nosotros
> 5   en el correo de hoy?
> *La portera* Para usted, señor, no hay nada. Pero
>   aquí tengo una postal para su
>   mujer. Es de Málaga. ¡Qué sello
>   más bonito tiene!
> 10 *Carmen Pérez de G.* Gracias . . . Ah, pero no es para mí.
>   Aquí pone Carmen González de
>   Pérez. Ella vive en el primer piso.
>   Nosotros vivimos en el tercero.

Entra un mozo de los almacenès Galerías
15 Preciados. Lleva un paquete enorme. Es una
bicicleta para un hijo de la señora de Alvarado.

> *El mozo* ¡Buenos días! ¿En qué piso vive
>   la señora de Alvarado, por favor?
> *La portera* En el cuarto, izquierda.
> 20 *El mozo* ¿Dónde está el ascensor?
> *La portera* Allí, a la derecha, pero no
>   funciona. Puede dejar el paquete
>   aquí.
> *El mozo* No, gracias, subo a pie. No es
> 25   la primera vez.

21 El periodista

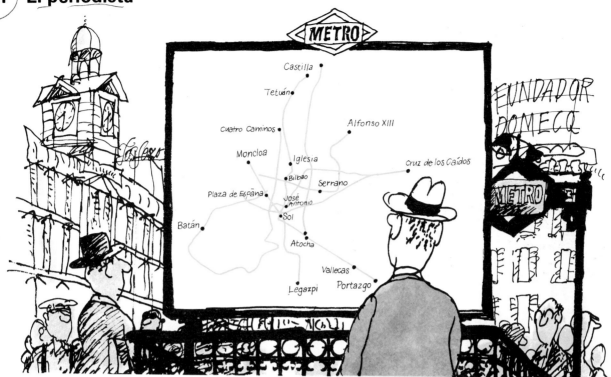

Benito Sánchez es periodista. Escribe artículos
sobre literatura en periódicos y revistas. Vive
en Madrid, en un barrio moderno.
Tiene 35 años. Está casado. Su mujer tiene 29.
5 Tienen tres hijos, dos hijas y un hijo. La hija
mayor tiene 9 años y la menor 5. El chico tiene
7 años.

Benito no gana mucho dinero con sus
artículos. No puede vivir con el dinero que
10 recibe de los periódicos. Por eso tiene que
trabajar también como profesor en una academia
de noche. Da clases de francés.

La academia se llama San Bernardo y tiene
cursos de C.O.U. Está cerca de la Ciudad
15 Universitaria. Benito da clases allí el lunes y
el miércoles por la noche.

Hoy es miércoles y va a la academia. Son las
siete de la tarde. Toma el metro en Vallecas.
En la próxima estación sube al metro su amigo
20 Juan. Juan es profesor de historia.

Benito	¡Hola Juan! ¿Adónde vas?
Juan	A la Gran Vía, al club, ¿y tú?
Benito	Voy a la academia.
Juan	¿A la academia? ¿Trabajas en
25	una academia?
Benito	Sí, doy clases de francés.
Juan	¿Ya no escribes artículos?
Benito	Sí, pero uno de mis periódicos
	ya no puede salir, y sabes, el colegio

30 de los niños me cuesta mucho.
Juan	Bueno, ya llegamos a Sol.
Benito	Yo salgo aquí. Hago transbordo.
Juan	¿Qué línea tomas?
Benito	La de Moncloa.
35 Juan	Yo bajo en José Antonio. ¿Vivís
	todavía en casa de tus padres?
Benito	No, ya no. Vivimos en Vallecas.
	Acabamos de comprar un piso allí.
	¿Por qué no vienes a casa un día?
40 Juan	Sí, muy bien. ¿Me das tu número
	de teléfono?
Benito	Es el 228 35 87.

En el aeropuerto de Barajas

A	¿De dónde viene usted?
B	Vengo de Colombia. Acabo de llegar.
45 A	¿Es usted colombiano?
B	No, soy peruano.

22 El tren no llega

Doña Eusebia y su marido don Tomás están en
la estación de ferrocarril de un pequeño pueblo
castellano. Están esperando el tren para
Guadalajara. Están solos en el andén. Pero el
5 tren no viene.

Ella está escribiendo una postal. Él está
leyendo un periódico. Esperan el tren un
domingo de agosto. Hace mucho calor. Hace
casi 50 grados al sol. En el andén no hay
10 sombra. Los dos están sudando.

Tomás   Eusebia, ¿qué estás haciendo?
Eusebia   Estoy mirando el horario.
            ¿Qué hora es?
Tomás   Son las tres y veinte. Pero el
15   reloj de la estación marca
           las tres en punto.
Eusebia   Hay un tren para Guadalajara
           a las tres y media.
Tomás   (Mira a su mujer) ¡A las tres
20   y media! ¡Estamos esperando el tren
           de las dos y media!

Pasa media hora. Doña Eusebia mira a su
marido. Este mira su reloj.

Eusebia   ¿Qué hora es?
25 Tomás   Son las cuatro. No lo comprendo.
           ¿Qué estás haciendo?
Eusebia   Estoy mirando el horario. Hay otro
           tren para Guadalajara a las cuatro.

Pasa otra media hora. Doña Eusebia saca un
30 bocadillo y una botella de agua mineral. Tiene
hambre y sed. Y empieza a tener sueño.

Eusebia   ¿Qué estás haciendo, Tomasito?
Tomás   Estoy mirando el horario otra vez.
           Aquí abajo veo una nota. A ver.
35   En la nota pone que los domingos
           a estas horas no pasa el tren.
           Sólo hay uno a las dos menos cuarto
           y otro a las cinco y cuarto.

Doña Eusebia y su marido vuelven a casa. Ya
40 no tienen ganas de ir a Guadalajara.

23 Una familia nerviosa

En otro tren va la familia García. La señora Ana García, su marido Ignacio y sus cinco hijos. Van a Madrid para visitar a la tía Josefa, una hermana de Ignacio.

5   En el andén hay mucha gente y delante de la taquilla hay un grupo de curas que están sacando billetes. En un banco un señor está leyendo el periódico. Y junto a la puerta una mujer está vendiendo agua a los viajeros.

10   Es la primera vez que los García viajan en tren y están un poco nerviosos.

Padre   Pero mujer, ¿llevas el vestido amarillo para el viaje?

Madre   Lo llevo porque me gusta y además
15   no tengo otro. ¿Dónde están Alfonso y Carmen? No los veo.

Padre   Allí está Alfonso. ¿No lo ves?

Madre   Ahora sí. ¿Y ves a Carmencita?

Padre   Allí, junto a la puerta.
20 *Madre*   ¿Quién tiene los billetes?

Niño   Los tiene papá.

Padre   Yo no los tengo, los tienes tú, Ana.

Madre   ¡Ah! ¡Sí! ¡Aquí están!

La madre saca los billetes de su bolso.

25 *Madre*   Pero ¿dónde están las llaves de casa? No las encuentro. ¿Quién las tiene?

Padre   Las tengo yo. ¿Para qué las quieres? ¿Las necesitas ahora?

Madre   No, no . . . sólo pregunto.
30 *Niño*   Tengo hambre, mamá. ¿Me das un bocadillo?

Madre   ¿Tienes hambre otra vez? Si acabamos de comer. La comida está en la maleta negra. ¿Quién tiene la llave?
35 *Padre*   La tengo yo.

*   El padre abre la maleta negra, saca un bocadillo de mortadela y lo da al chico.

Niño   No, no lo quiero. La mortadela no me gusta.
40 *Madre*   ¿Te gusta más el jamón?

Niño   Sí, mamá.

Madre   ¡Toma! Aquí tienes uno de jamón.

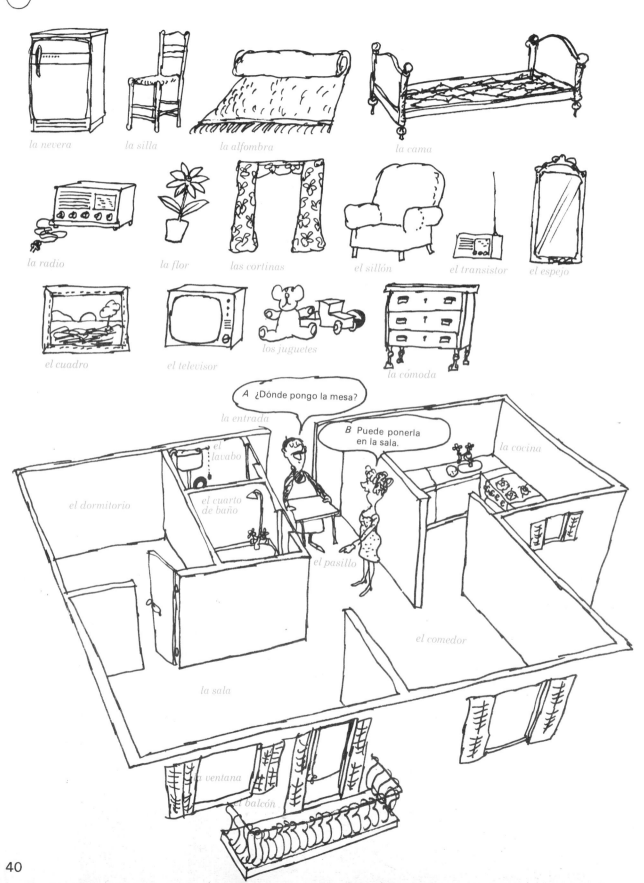

la nevera

la silla

la alfombra

la cama

la radio

la flor

las cortinas

el sillón

el transistor

el espejo

el cuadro

el televisor

los juguetes

la cómoda

la entrada

el lavabo

la cocina

el dormitorio

el cuarto de baño

A ¿Dónde pongo la mesa?

B Puede ponerla en la sala.

el pasillo

el comedor

la sala

la ventana

el balcón

En Bilbao

Entra la señorita María de Aizguirre. Es una *Viente Cinco* chica alta y delgada, de unos 25 años. Es rubia y tiene los ojos verdes. Lleva un bolso negro grande y una maleta pequena. Quiere ir a
5 Málaga.

María Buenos días. Tengo que estar en Málaga esta tarde. ¿Puedo ir en avión?

El empleado Sí, señorita. Hay un avión que sale a las doce y media.
10 Llega a Madrid a la una y cuarto. Allí tiene que hacer transbordo. El avión sale de Madrid-Barajas a las cuatro menos cuarto y llega a Málaga a las cuatro y treinta y cinco.

15 *María* ¿Cuánto vale el pasaje?

El empleado ¿Ida y vuelta?

María No, sólo ida.

El empleado De Bilbao a Madrid son 1 310 pesetas. De Madrid a Málaga son 1 470
20 pesetas. En total son 2 780 pesetas. Pero aquí en la agencia no podemos vender pasajes para hoy. Tiene que comprarlo en el aeropuerto.

BILBAO — MADRID — MÁLAGA		
BILBAO	12,30	
MADRID	13,15	15,45
MÁLAGA		16,35

En Valencia

Entran un señor y una señora.

25 *El señor* ¿Cómo podemos ir a Masnou?

El empleado ¿A Masnou? ¿Dónde está?

El señor Está a unos 15 kilómetros al norte de Barcelona. *Gra Quince*

El empleado (mira en su guía) Bueno, tienen
30 que tomar primero el tren hasta Barcelona. Allí tienen que cambiar de tren. ¿Quieren ir por la mañana o por la tarde?

35 *El señor* Por la tarde.

El empleado El Talgo sale de Valencia a las tres menos cuarto y llega a las siete y media a la Estación de Francia, en Barcelona.

Estación	Talgo 1—2	Exp 1—2
Valencia	14.45	23.25
Barcelona	19.30	7.45

40 *El señor* ¿Hay más trenes?

El empleado Bueno, tenemos el nocturno de las once y veinticinco. Lleva coches-cama. Es más barato que el Talgo.

La señora Pero el Talgo es más cómodo,
45 ¿verdad?

El empleado Tiene razón, señora.

El señor Bueno, deme dos de segunda para el Talgo.

El empleado ¿Para cuándo los desea? Hay que
50 sacar reserva de asiento.

El señor Para el 15 de julio. *Quince*

26 El sur

Andalucía está en el sur de España. En verano
hace mucho calor. Llueve poco. En invierno la
temperatura no es muy baja.

La principal ciudad de Andalucía es Sevilla.
5 Tiene medio millón de habitantes. En Andalucía
está también una de las ciudades más antiguas
de Europa: Cádiz.

En Andalucía la tierra es pobre o está mal
repartida. Hay muchos latifundios. El 2% de
10 la población posee el 80% de la tierra. En el
campo se cultivan olivos, viñas y trigo. Se
produce aceite de oliva y hay importantes
industrias de vinos y licores. En Jerez de la
Frontera se produce el famoso jerez. Los
15 andaluces exportan aceite de oliva, vinos y
licores.

Hay mucha gente que trabaja en los centros
turísticos. En las playas de Torremolinos y
Marbella — en la Costa del Sol — hay turistas
20 la mayor parte del año.

Pero hay también mucha gente que no tiene
trabajo o que sólo tiene trabajo una parte del
año y gana muy poco dinero. Por esto
muchos andaluces emigran. ¿Adónde van? Van a
25 otras regiones de España o al extranjero.

Cada año van unos cien mil españoles a trabajar una temporada a otros países. Van sobre todo a Francia, Suiza, Alemania Occidental e Inglaterra.

5 Trabajan en fábricas, en hoteles, en restaurantes o en el campo. Muchos se quedan varios años en el extranjero.

Muchos emigrantes envían dinero a su familia. Otros ahorran dinero para, más tarde, poner un
10 bar, una gasolinera o comprar un piso en España.

Un grupo de emigrantes andaluces está esperando el tren.

Edificios modernos en Torremolinos. Aquí hay turistas la mayor parte del año.

bajo low	*famoso* celebrated
principal chief	*el jerez* sherry
el millón million	*los andaluces* Andalusians
la tierra land	*los centros turísticos* tourist
ser pobre to be poor	centres
estar mal repartido to be badly	*la mayor parte de* most of
distributed	*el extranjero* abroad
el latifundio large estate	*cada año* every year
% (por ciento) per cent	*una temporada* for a time
la población population	*el país* country
poseer to possess	*sobre todo* chiefly
el campo country	*Suiza* Switzerland
se cultivan are grown	*Alemania Occidental* West
el olivo olive tree	Germany
la viña vineyard	*e* (before i- or hi-) and
el trigo wheat	*Inglaterra* England
se produce aceite de oliva olive	*varios* several
oil is produced	*enviar* to send
la industria industry	*ahorrar* to save
el vino wine	*poner un bar* to open a bar
licores spirits	*la gasolinera* petrol station

27 Un campesino andaluz

Tomás López es un campesino andaluz. Tiene treinta años y es soltero. Vive en Jaén, en el interior de Andalucía. Todos los años, cuando llega el mes de abril, va al sur de Francia con
5 unos amigos. Allí trabajan unos meses en el campo. Plantan arroz.

Hoy es el dos de abril. Tomás está en el bar de la estación. Son las nueve de la mañana. Está esperando el tren de las nueve y media para
10 Madrid. Su equipaje, una maleta y un bolso, está delante de la barra. Al lado de la barra hay un perro. Cerca de la puerta hay unos señores. Están jugando al dominó. En el andén está el jefe de estación.
15 Tomás toma una copita de jerez mientras espera a sus amigos Vicente y Luis. Mira hacia la puerta. Ve a su primo Rafael que acaba de entrar.

Rafael   ¡Hola, Tomás! ¿Adónde vas?
20 Tomás   A Francia.
Rafael   ¿Estás contento, eh?
Tomás   Pues, sí, bastante. ¿Tú tienes trabajo ahora?
Rafael   Sí, Pedro y yo trabajamos en la finca
25   del marqués. ¿Conoces a Pedro, no? El hijo de la señora Galindo.
Tomás   ¿A Pedro? Claro que le conozco. ¿Y hoy vais a la finca?
Rafael   Sí, pero más tarde. Y tú, ¿este año vas
30   solo a Francia?
Tomás   No, vamos Vicente, Luis y yo.
Rafael   ¿Y José y su hermano?
Tomás   No, ellos no van. Tienen que ir a la mili.
Rafael   ¿A la mili?
35 Tomás   Sí, y a África. Tienen que hacerla en Ceuta. Creo que van a ir en mayo. No me acuerdo de la fecha exacta. Bueno, allí vienen los otros . . . . . . ¡Adiós, Rafael!
40 Rafael   ¡Adiós, Tomás! ¡Buen viaje!

28 En la aduana

El aduanero	¿Lleva algo que declarar, señor?
El viajero	No, no tengo nada.
El aduanero	¿Quiere abrir la maleta blanca, por favor?
5 *El viajero*	Esta maleta no es mía.
El aduanero	¿No es suya? ¿De quién es?
El viajero	No sé. No es mía. La mía está aquí.
El aduanero	¿Y este bolso?
El viajero	Tampoco es mío.

En el cine

10 *A*	Perdone. Ese asiento está ocupado. Es mío.
B	No, señor, este no es suyo. Pero aquel asiento allí está libre.

29 Algo diferente

Los señores Cornello viven con sus hijas Luisa y
Emilia en un edificio moderno en el centro de
Madrid. Los padres van a volver hoy por la tarde
de Valencia. Luisa y Emilia van a preparar la
5 comida.

Emilia ¿Qué comida hacemos hoy?
Luisa Bistec con patatas fritas, como siempre.
Emilia No, vamos a hacer algo diferente.
¿Hacemos una paella?
10 Luisa Bueno, si quieres . . . Pero yo no sé
hacer paella.
Emilia Yo tampoco sé cocinar, pero sé leer.
¿Dónde está el libro de cocina?

Las dos hermanas empiezan a trabajar.
15 Luisa apunta en un papel todo lo que hay que
comprar: un pollo grande, medio kilo de gambas
y un limón.
Además van a comprar pan, dos botellas de
vino tinto y fruta para el postre: naranjas, uvas
20 y plátanos. Para el postre también van a preparar
un flan.

Paella

Ingredientes	Cantidad
pollo	uno
arroz	4 tazas de café
gambas o cigalas	medio kilo
tomates	un cuarto de kilo
cebollas	dos
pimiento	uno
limón	uno
azafrán	un gramo
sal, aceite y jerez	

De compras

Luisa y Emilia bajan al supermercado. Viven en
el sexto piso y en la planta baja hay un supermercado. Luisa pone en el carrito lo que
necesita: un pollo grande, dos botellas de vino,
5 un sobrecito de azafrán y una barra de pan
inglés. Emilia toma una canastilla. Ella compra
la fruta.

  Las dos hermanas pasan por la caja y pagan.
La cajera pone la comida en una bolsa de
10 plástico y las chicas salen del supermercado.

  Emilia vuelve a casa con la compra y Luisa
toma un microbús para ir al mercado. Piensa
comprar las gambas allí.

En el puesto de pescado

Dependienta ¿Qué desea, señorita?
15 *Luisa* Gambas. ¿A cuánto están?
Dependienta A 120 el kilo. Acaban de llegar
de la costa. ¿Cuántas desea?
Luisa Póngame medio kilo, por favor.
Dependienta Tenga. ¿Desea algo más?
20 *Luisa* No, gracias, no quiero nada más, está
bien.

En la cocina

Emilia ¿Ya estás aquí? ¿Has venido en taxi?

Luisa No, me ha traído Andrés. ¿Sabes que ha cambiado de coche? Ha vendido su Seat y ha comprado un Renault.

5 **Emilia** ¿Hemos comprado todo?

Luisa Creo que sí: el pollo, la fruta, el pan y el vino.

Emilia ¿Y el limón? No lo encuentro. ¿No lo hemos comprado?

10 **Luisa** Ay, lo hemos olvidado. Pero creo que queda uno en la nevera.

Emilia ¿Cuánto han costado las gambas?

Luisa 60 pesetas.

Emilia ¡Qué caras! Bien, chica, los papás van
15 a venir pronto. Tenemos prisa.

Luisa Ya tengo hambre. No he comido nada. Solo he tomado un café esta mañana.

Emilia Bueno, si tú pones la mesa yo hago la paella.

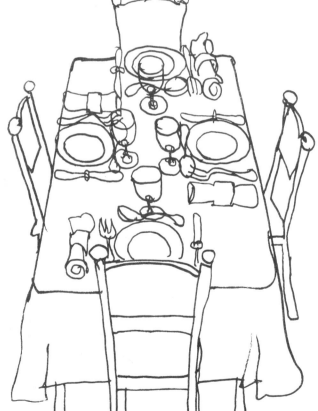

En el comedor

20 **Emilia** ¿Pones el mantel nuevo?

Luisa Estoy buscándolo, pero no lo encuentro.

Emilia Está en el cajón de la mesa del comedor.

Luisa ¿Y las servilletas? No las encuentro.

Emilia Están también en el cajón.

25 **Luisa** ¿Hay vasos limpios?

Emilia Los he lavado esta mañana. Están en el lavaplatos.

Luisa ¿Qué platos pongo?

Emilia Los grandes están sucios. Puedes poner
30 los pequeños.

Luisa Mira, este plato está roto.

Emilia Hay que poner otro, chica. Ahora tenemos prisa.

Cuando Luisa ha puesto en la mesa los vasos y
35 platos, cuchillos, tenedores y cucharas, está lista la paella.

A la mesa

Son las dos. Ya han vuelto los padres y todos están sentados a la mesa.

Padre La paella es un plato excelente. Me gusta muchísimo.

5 *Madre* Sí, y las chicas la han hecho muy bien. Está muy rica.

Emilia ¿No está un poco salada?

Luisa No, no, está estupenda.

De sobremesa

Después de comer Luisa trae el café.

10 *Emilia* Mi café está muy dulce.

Luisa Claro que está dulce. Si he puesto azúcar. En esta taza no he puesto. Es para ti.

Madre ¿Ha habido correo? ¿Ha escrito vuestro
15 hermano?

Luisa Sí, ha llegado una carta.

Madre ¿Y la habéis abierto?

Luisa Dice que va a venir este sábado.

Padre Hay que arreglar su cuarto. Mira, ¡qué
20 gris está el cielo!

Emilia Por la radio han dicho que va a llover por la tarde.

Suena el teléfono

Luisa ¡Dígame!
— ¿Está Emilia?

25 *Luisa* ¿De parte de quién?
— De Mercedes Álvaro, ¿puedo hablar con Emilia?

Luisa Sí, un momento . . . Emilia, es para ti.

Emilia va al teléfono:

30 *Emilia* ¡Diga!
— Hola, soy Merche. La discoteca está cerrada hoy. ¿Vamos al cine? Hacen una película muy buena en el LUX. ¿Ya la has visto?

35 *Emilia* No, todavía no la he visto.
— ¿Me acompañas?

Emilia Sí, muy bien, ¿a qué hora?
— ¿Te parece bien a las ocho?

Emilia Sí, ¿dónde nos vemos?
40 — En la entrada, ¿no?

Emilia Sí, muy bien. ¡Hasta luego!

30　El este

En el este de España están Cataluña y Valencia.
En estas regiones vive una cuarta parte de la
población de España. En verano hay además
muchos turistas. En el este se hablan dos
5　lenguas: el español y el catalán.

Cataluña es una de las regiones más ricas de
España. La principal industria es la textil. Entre
las industrias mecánicas la fábrica SEAT, de
Barcelona, es la más conocida.
10　En Cataluña hay muchos inmigrantes, sobre
todo de Murcia y de Andalucía.

En Valencia la tierra es muy buena, pero llueve
poco. Por esto los campesinos han construido
sistemas de riego. Estos campos regados son
15　las huertas.

La huerta más grande y más rica es la de
Valencia. Allí se cultivan naranjas y limones
que se exportan a otros países de Europa.
España exporta, cada año, más de un millón de
20　toneladas de naranjas, casi 300 000 toneladas
de mandarinas y casi 100 000 toneladas de
limones. La tierra da también cebollas, arroz,
tomates y pimientos.

Trescientos mil
ciento mil

Los Caballé

Montserrat y Vicente Caballé son campesinos.
Tienen una finca pequeña cerca de Castellón
de la Plana. Cultivan naranjas y limones. Ahora
cincuenta
en febrero recogen cada día unos 50 kilos de
naranjas. Por la tarde viene un camión para
llevar la fruta a la ciudad.

30　*El señor Caballé* ¿Ha venido alguien a buscar
　　　　　　　　　 las cajas?
　La señora　　　 No, todavía no ha venido
　　　　　　　　　 nadie.
　El señor　　　　Entonces las llevo yo. Voy a
35　　　　　　　　　buscar el tractor.

la región see vocabulary Lesson 16
la población population
se hablan are spoken
la lengua language
la principal industria the main industry
mecánico engineering
conocido known
el inmigrante immigrant
la tierra land
construir to build
el sistema de riego irrigation system
regado irrigated
la huerta fertile area
se cultivan are grown
se exportan are exported
una tonelada a ton
la mandarina tangerine

CATALUÑ

Tarra

Tortosa

VALENCIA

Castellón de la

Sagunto

Valencia

Gandía

Alicante

Elche

Murcia

Cartagena

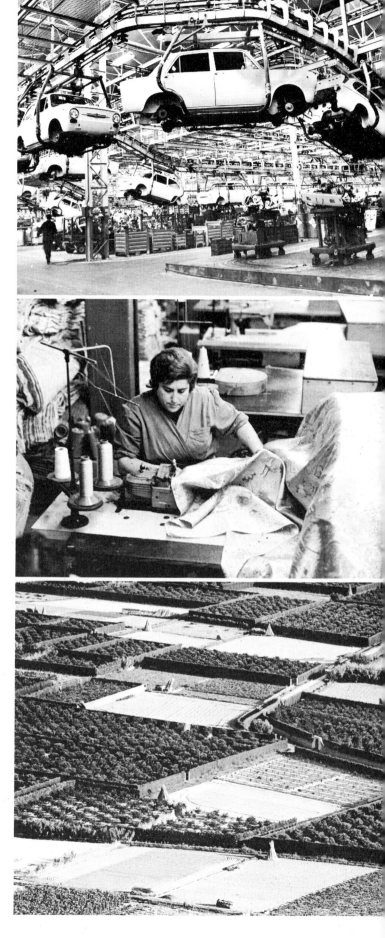

Gerona

Mataró

Barcelona

MENORCA

Palma

MALLORCA

ZA

BALEARES

La SEAT, de Barcelona, es una de las fábricas más importantes de España.

En Cataluña hay muchas industrias textiles.

En la huerta valenciana los campesinos han construido buenos sistemas de riego.

31 El ministro

Un chiste

Un ministro va a un pueblo y dice: ''Señores
y señoras, este año hemos hecho muchas cosas.
En Valdetinto hemos construido la escuela más
moderna del país. En Pereda hemos construido
5 cinco escuelas para adultos. En Vallensana
hemos construido una fábrica, una universidad
y un hospital.''
   La gente aplaude mucho. El ministro está
10 contento. Pero hay un señor que no aplaude.

El señor Señor ministro, yo he estado en
         Valdetinto y no he visto la escuela, he
         estado en Pereda y no he visto las
         cinco escuelas, y he estado en
15   Vallensana y no he visto la fábrica,
         ni la universidad, ni el hospital. Por
         esto no aplaudo.

El señor se levanta y se dirige al público:

El señor ¿Alguno de vosotros ha estado en
20   Pereda?
El público Sí, hemos estado allí.
El señor ¿Habéis visto las escuelas?
El público No, no las hemos visto.

El señor Mire, señor ministro, no las ha visto
25   ninguno de nosotros.

El ministro entonces les da un consejo:
''Señores, ustedes deben viajar menos y deben
mirar más la televisión.''

— ¿Has visto alguna fábrica nueva en Vallensana?

— ¿En Vallensana?
No, allí no he visto ninguna fábrica nueva.

— ¿Has visto algún hospital nuevo en Vallensana?

— No, no he visto ningún hospital nuevo allí.

32 Billetes y monedas

El Sr. Bernal y su esposa son franceses. Están
en el Banco Español de Crédito.

veinte

El Sr. Bernal ¿Me puede cambiar este cheque
de viaje de 20 dólares y también
5   estos cien francos en pesetas?
El empleado Muy bien, señor. Haga el favor de
firmar aquí, en el cheque. Fecha,
nombre y apellido.
El Sr. Bernal ¿A cuántos estamos? — *veintiséis*
10 **El empleado** A 26 de mayo, señor. ¿Lleva algún
documento de identidad?
El Sr. Bernal No, lo siento. No tengo ninguno.
He olvidado mi pasaporte en el
hotel.

15 **La Sra. Bernal** Aquí tengo el mío.
El empleado Muchas gracias. Tenga su
número.

El empleado le devuelve el pasaporte a la
señora y le entrega un ticket al señor Bernal.
20 Van a la caja. El cajero les entrega el dinero
y un recibo.

* **El Sr. Bernal** Por favor, ¿me puede cambiar
este billete de mil pesetas en
monedas?
El cajero ¿Las quiere de cien? *veinticinco*
El Sr. Bernal Sí, por favor, y algunas de 25.

BILLETES DE BANCO EXTRANJEROS		COMPRA	VENTA
DÓLAR U.S.A.	1 $	63.08	63.43
DÓLAR CANADIENSE	1 $	65.55	64.17
FRANCO FRANCÉS	1 FF.	12.97	13.10
LIBRA ESTERLINA	1 £	152.28	153.80
FRANCO SUIZO	1 F.S.	16.46	16.62
FRANCOS BELGAS	100 FB.	142.06	143.48
MARCO ALEMÁN	1 MA.	19.54	19.74
LIRAS	100 L.	10.11	10.15
FLORÍN	1 FL.	19.24	19.43
CORONA SUECA	1 CS.	15.24	15.57
CORONA DANESA	1 CD.	9.02	9.11
CORONA NORUEGA	1 CN.	9.52	9.62
MARCO FINLANDÉS	1 MF.	15.11	15.26
CHELINES	100 C.	271.45	274.16
ESCUDOS	100 E.	231.93	234.25
CRUCEIRO	1 C.	6.07	6.13
PESO MEJICANO	1 PM.	4.79	4.84
PESO COLOMBIANO	1 PC.	2.45	2.45
PESO URUGUAYO	1 PU.	0.04	0.05
BOLÍVAR	1 B.	13.94	14.08

33 Deporte y tapas

Los señores Álvarez y sus hijos se sientan a
una mesa, en una cafetería. El camarero no les
presta mucha atención. Está mirando la televisión.
5 Sale a la terraza.

*   *El Sr. Álvarez* ¿Qué está mirando en la tele?
    El camarero La vuelta a España, señor. Es la
         última etapa.
    El Sr. Álvarez ¿Quién es el líder?
10 *El camarero* Ocaña. No sé si va a ganar. Está
         muy cansado ya.
    El Sr. Álvarez ¿Usted es muy aficionado al
         ciclismo?
    El camarero Sí, pero me gusta más el fútbol.
15 *El Sr. Álvarez* ¿Practica algún deporte?
    El camarero No, señor, ya soy muy viejo para
         esas cosas. Pero mis hijos juegan al
         tenis. Y mi hijo mayor juega en el
         Madrid.
20 *El Sr. Álvarez* ¡Caramba! ¡No está mal! . . .
         Bueno . . . (a los niños) ¿Qué vais a
         tomar? Os invito . . . Tráigame una
         cerveza bien fría para mí y un vermú
         para mi esposa.
25 *La Sra. Álvarez* No. Prefiero una copita de
         jerez.
    El camarero Muy bien, ¿y para los jóvenes?
    El Sr. Álvarez ¿Queréis un helado, niños?
    El niño ¡Sí! ¡Para mí uno de vainilla!
30 *El Sr. Álvarez* ¿Y para ti, Matilde?
    La niña Una horchata.
    El Sr. Álvarez Bueno, entonces un helado de
         vainilla para él y una horchata para
         ella y una ración de almendras y
35   aceitunas, por favor.
    El camarero Muy bien, les traigo todo en
         seguida.

Pasan 10 minutos. El camarero les trae las
bebidas, el helado y las tapas.

Manuel Santana jugando al tenis.

El equipo de fútbol del Real Madrid está jugando contra un equipo latinoamericano. Los futbolistas madrileños llevan camisa blanca y pantalones blancos. Los futbolistas latinoamericanos llevan camisa de dos colores.

En el aparcamiento

Él   ¿Vienes conmigo o con Pedro?
Ella ¿Contigo o con él? No voy con ninguno de vosotros. Voy a pie.

* 34 Una página escogida

(Pareja es un pueblo que está al norte de Madrid. Allí viven Elena y María.)

En Pareja todas las mujeres son muy guapas. Elena y María son, sin duda, un buen partido para cualquiera. A Elena le gusta la cocina y a María, los niños. A Elena le gustan los hombres morenos y a María, los rubios. A Elena le gustan los bailes en la plaza y a María, los paseos por la vega. A Elena le gustan los
10 perros y a María, los gatos. A Elena le gusta el cordero asado y a María, la tortilla francesa. A Elena le gusta el café y a María, no. A Elena le gusta la misa mayor y a María, no. A Elena le gusta leer el periódico y a María, no. María
15 prefiere leer novelas (. . .).

C. J. CELA Viaje a la Alcarria

la página page
escogido selected
guapo handsome, pretty
sin duda undoubtedly
el partido match
cualquiera anyone
el hombre man
el baile dance
el paseo por la vega walk through the fields

el gato cat
el cordero asado roast lamb
la tortilla francesa French omelette
la misa mayor High Mass
la novela novel
Camilo José Cela Spanish writer, born 1916

35 Consultorio

Son las nueve de la mañana. En la sala de espera del doctor hay cinco pacientes.

— El primero.

Entra el primer paciente y el médico cierra la
5 puerta.

— Buenos días, doctor.
— ¿Qué le pasa, don Alfredo?
— No sé. Me encuentro muy cansado. Esta noche no he podido dormir.
10 — Vamos a ver.

El médico lo examina detenidamente.

— No tiene nada grave, don Alfredo. Vaya al campo, camine mucho y haga ejercicio. Fume menos y beba menos. Coma más fruta.
15 — Quisiera ir a esquiar a la Sierra Nevada. ¿Puedo ir?
— Sí, claro, pero tenga cuidado con el frío.

la cabeza
la frente
el pelo
los ojos
la nariz
la boca
la garganta
el estómago
el brazo
la mano
la rodilla
la pierna
el pie

56

— El siguiente.

Dos pacientes se levantan a la vez.

Paciente A — Pase usted primero, señor.
Paciente B — No, pase usted, señora.
5 *Paciente A* — Muchas gracias . . . permítame . . .

La señora entra en el consultorio.

— Buenos días, doctor. ¿Cómo está usted?
— Muy bien, ¿y usted?
— Muy mal. No me encuentro bien.
10 — Siéntese, siéntese, por favor. ¿Qué le duele?
— Todo, doctor, todo, y tengo un dolor de cabeza terrible.
— ¿Dónde le duele?
— Aquí, sobre la nariz. Y los ojos me duelen
15 también.

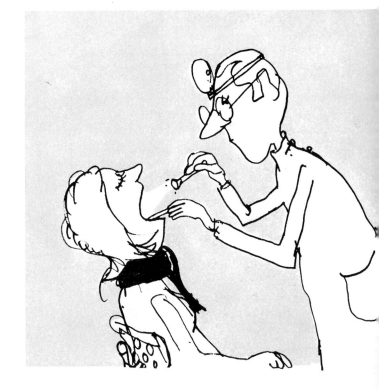

— Abra la boca, por favor . . . está bien . . . permítame . . . Ya veo. La garganta está un poco hinchada. ¿No tiene fiebre?
— No sé, me parece que tengo la gripe.
20 — Eso es. Tiene usted la gripe. Vaya a la farmacia con esta receta, tome dos pastillas por la mañana durante tres días y vuelva el próximo jueves.

— El siguiente.

25 Entra el señor Martínez. Se sienta.

— Buenos días, señor Martínez. ¿Cómo se encuentra hoy? ¿Está mejor?
— Mucho peor, doctor, mucho peor.
— ¿Le duele todavía el estómago?
30 — No, ahora me duele la cabeza, aquí en la frente. Cuando me acuesto por la noche estoy bien, pero por la mañana, cuando me despierto, me duele todo el cuerpo.

Al señor Martínez el médico le entrega
35 también una receta. Además tiene que trabajar menos, fumar menos y hacer más ejercicio.

36   Andrés está triste

José y Ramón están esperando a sus amigos
Andrés y Cristina junto a la taquilla del cine
Savoy. Van a ver la película "La caza" de
Carlos Saura. Llega Cristina.

5 *Cristina* ¿Cuántas entradas habéis sacado?
  José Cuatro. Una para Andrés, una para ti y
    dos para nosotros.
  Cristina Andrés me ha dicho que ya tiene una.
  José Bueno, entonces voy a devolver la suya.

10 Llega Andrés.

  Andrés ¡Hola, Cristina! ¿Has visto a José
    y a Ramón?
  Cristina Sí, ya han venido. Les he dicho que tú
    ya tienes una entrada. Han ido a
15   devolver una.
  Andrés ¡Hombre! ¡Si la entrada que tengo es
    para el fútbol! Para el cine no tengo
    ninguna.

Andrés corre a la taquilla para salvar su
20 entrada. Pero los muchachos ya la han
devuelto.
    Ha llegado mucha gente. Andrés se pone en
la cola. Cuando le toca a él todo está agotado.
La taquillera le dice que ya no quedan entradas
25 para esta función. Andrés se pone muy triste.
Ahora Cristina va al cine con los otros. Andrés
vuelve a casa.

A medianoche José, Ramón y Cristina salen del
cine.

30 *José* ¿Os ha gustado la película?
  Ramón Sí, a mí me ha gustado mucho.
    ¿A ti también, Cristina?
  Cristina Me ha gustado más que la otra de Saura.
    ¿La has visto, Ramón?
35 *Ramón* No, pero voy a verla la semana que viene.

José vuelve a casa. Vive en el centro de Madrid. El portal está cerrado. José se da cuenta de que ha olvidado la llave. Tiene que llamar al sereno. Da unas palmadas.

5 *El sereno* (desde lejos) ¡Ya voy! . . . ¡Ya voy!

Llega el sereno. Es un señor mayor que lleva una gorra gris. En la mano tiene un bastón. Le abre el portal a José.

José   Muchas gracias y buenas noches.
10   Tome Vd.

José le da un duro al sereno y entra. El sereno cierra el portal y vuelve a dar sus vueltas por el barrio.

37 Robo de un cuadro

PAMPLONA, jueves (Agencia Afe).

Ayer, por la mañana, una joven de unos 25 años entró en el Museo de Arte Moderno de Pamplona y se llevó el famoso cuadro "Campo verde" del pintor catalán Miguel Villá.

La policía sabe que la joven fue en coche de Pamplona a Bilbao. Allí fue al aeropuerto y compró un pasaje para Málaga. Pagó el pasaje al contado (2.780 pesetas). Tomó el avión de las 12.30. *Doce y media*

Dos mil setecientos ochenta.

Llegó al aeropuerto de Barajas, en Madrid, a las 13.15. ¿Qué hizo allí? Cambió de avión y llegó a Málaga a las 16.35. La policía sabe también que la joven tomó un taxi en el aeropuerto de Málaga.

A la Una y cuarto

Son las cinco menos veinticinco

Esta tarde la policía va a hablar con el taxista que la llevó.

Diálogo

A ¡Qué cansado estoy!
B ¿Trabajaste hasta tarde ayer?
A Bastante. Empecé a las nueve y no terminé hasta las once de la noche.

Una carta del extranjero

Hannover, 17 de septiembre de 19...

Queridos padres y hermanos:

Aquí ha llovido toda la semana y hace bastante frío. Ya llevamos
ocho meses aquí. ¡Cómo pienso en España ahora! He leído en el
periódico que en Málaga hace 26 grados. Aquí hace 7.

El mes pasado trabajé muchas horas extra en la fábrica y gané
bastante dinero. Anteayer Carmen y yo nos compramos un coche.
Es un coche de segunda mano y lo compramos a plazos. Esta tarde vamos
a buscarlo. Estamos muy contentos. Y ya empezamos a acostumbrarnos
a la comida de aquí. Y hemos encontrado una tienda donde venden
comida española.

Ayer hablé por teléfono con el primo José. Ha arreglado ya los
papeles para el pasaporte. Va a venir a Hannover la próxima semana.
He encontrado un puesto para él en un taller mecánico. Me dijo que
vosotros le enviasteis mi ropa de invierno a Madrid. Gracias, la
verdad es que ya la necesito.

Mamá, ¿compraste los zapatos con el dinero que te envié? ¿Te van
bien? No os escribo más porque acaba de sonar la sirena de la fábrica
y tengo que volver al trabajo.

Abrazos muy fuertes a todos y mil recuerdos a mis amigos del
pueblo. Vuestro hijo que no os olvida,

Carlos

AIR MAIL
PAR AVION

Sr. D. Antonio García y familia
Calle de Colón, 15
Salo
Spanien

Una carta al extranjero

Salo, 25 de septiembre de 19........

Querido hijo:

Muchísimas gracias por tu carta. La recibimos ayer. Nos causó mucha alegría. Aquí estamos bien a D.G. Tu madre se compró ayer los zapatos. Está muy contenta con ellos.

Ayer llovió mucho. Pero hoy hace buen tiempo.

La semana pasada los Pérez vendieron las tierras y se van a vivir a Sevilla. Los chicos van a trabajar en una fábrica de muebles. El padre va a poner un taller o una zapatería. Estuvimos con ellos el lunes. Comimos en el restaurante de la plaza y nos enseñaron la carta que tú les escribiste. El señor Pérez nos habló mucho de Suiza. Ya sabes que él vivió y trabajó allí en 1960. Pero ahora es demasiado viejo para ir al extranjero, como tu madre y yo.

Hay mucha gente que me ha dado recuerdos para ti y Carmen. Tus hermanos os envían abrazos muy fuertes. ¡Alicia ya tiene novio! Es un chico que trabaja en el puerto. Es muy simpático. Abrazos de tus padres que te quieren, y besos para Carlitos,

Antonio

Diálogo 1

A ¿Has visto a Enrique?
B Sí, lo vi anteayer.
A ¿Dónde lo viste?
B En la Plaza de Sevilla.

Diálogo 2

A ¿Qué hiciste ayer?
B Fui a la playa con mi hermana, ¿y tú?
A Me quedé en casa.

39 Latinoamérica

En el siglo XVI los españoles empezaron a
conquistar y a colonizar América. Gran parte de
este continente fue una colonia española
durante más de tres siglos. Por esto hoy se habla
5 español en 20 países.

Los españoles también conquistaron la mayor
parte del sur de los Estados Unidos, territorio
que perteneció a México hasta el siglo pasado.

El Brasil fue una colonia portuguesa y hoy
10 se habla portugués allí.

El Ecuador

Este país se llama así porque está situado en
el ecuador, en el oeste del continente sudamericano.

Tiene una superficie de unos 300 000
15 kilómetros cuadrados. Tiene unos seis millones
de habitantes.

La capital del Ecuador es Quito. Tiene medio
millón de habitantes.

Sólo un 10% de los habitantes del Ecuador
20 son blancos, un 40% son indios y un 50%
mestizos. Alrededor de un 35% de la población
adulta son analfabetos.

Los principales productos que exporta el
Ecuador son plátanos, café y cacao.

El Ecuador exporta también, cada año, más
25 de cuatro millones de sombreros de Panamá.
Casi todos se venden a los Estados Unidos.

El Ecuador produce muchos plátanos.

siglo XVI 16th century
conquistar to conquer
colonizar to colonize
el continente continent
fue (preterite of ser) was
la colonia colony
los Estados Unidos United
  States
el territorio territory
pertenecer to belong
el Brasil Brazil
el portugués Portuguese
así so
situado situated
el ecuador equator

sudamericano South American
la superficie area
el kilómetro cuadrado square
  kilometre
la población population
el indio (American) Indian
el mestizo of mixed white and
  Indian blood
alrededor de about
analfabeto illiterate
el principal producto main
  product
el cacao cocoa
el sombrero hat
se venden are sold

Eraclio Pacheco

Eraclio Pacheco es mestizo y vive en Jipijapa,
cerca de la costa del Pacífico.

Eraclio no sabe leer ni escribir. Pero su hijo
mayor, Casimiro, sabe leer un poco. Casimiro
5 tiene 14 años. Tiene tres hermanas y un
hermano.

La mujer de Eraclio murió hace dos años,
cuando nació el quinto hijo.

Los Pacheco son muy pobres. No ganan
10 muchos sucres con su trabajo. Hacen sombreros
de paja a mano. Los venden a un comerciante
norteamericano, el señor Brown.

El padre vuelve del mercado con una carretilla
de paja. La paja la ha comprado allí.

15 *El padre* ¿Ha venido alguien?
Casimiro No, hasta ahora no ha venido nadie.
  ¿A quién esperas?
El padre A míster Brown. He visto su coche
  en la carretera.
20 *Casimiro* ¿Cuándo?
El padre Hace media hora. Tiene que venir a
  buscar los sombreros que están listos.
  ¿Los has contado?
Casimiro Sí, hay 150.

En las ciudades latinoamericanas vive mucha gente. Buenos Aires es una de las ciudades más grandes de Latinoamérica.

En Lima, capital de Perú, hay todavia edificios que construyeron los españoles durante la colonia.

Estación de ferrocarril de un pueblo, en Perú.
En Latinoamérica hay mucha gente que no encuentra trabajo en el campo.
Muchos emigran a las ciudades.

Paises y datos (1979)

Pais	Superficie	Habitantes	Capital	(:habitantes)	Exportación	Moneda
Argentina	2 777 000 km²	27 000 000	Buenos Aires	9 000 000	trigo, carne, algodón	pesos
Colombia	1 139 000 km²	26 000 000	Bogotá	3 000 000	café, petróleo, minerales, plátanos, esmeraldas	pesos
Chile	757 000 km²	11 000 000	Santiago	3 300 000	cobre, hierro, salitre	escudos
Cuba	115 000 km²	10 000 000	La Habana	1 900 000	azúcar, tabaco, minerales	pesos
España	505 000 km²	37 000 000	Madrid	3 600 000	naranjas, vino, aceite de oliva	pesetas
México	1 973 000 km²	69 000 000	México	12 000 000	algodón, café, petróleo, plata	pesos
Perú	1 285 000 km²	17 000 000	Lima	3 300 000	cobre, algodón, harina de pescado, azucar	soles
Venezuela	912 000 km²	13 000 000	Caracas	2 200 000	petróleo, hierro, café, plátanos	bolivares

construyeron (construir) (they) built
la colonia colonial period
la exportación exports
el trigo wheat
la carne meat
el algodón cotton
el petróleo oil
el mineral mineral
la esmeralda emerald
el cobre copper
el hierro iron
eł salitre saltpetre
el aceite de oliva olive oil
la plata silver
la harina de pescado fishmeal
el acero steel
la pasta de papel wood pulp

40 En la comisaría

Entra una joven.

La joven   Buenos días.

El policía   Buenos días, señorita. ¿En qué puedo servirle?

5 *La joven*   He perdido el bolso.

El policía   ¿Cómo ha ocurrido?

La joven   Estaba en el cine Astoria. Salí. De repente, en la calle, me di cuenta de que no llevaba el bolso. Volví,
10   pero no lo encontré.

El policía   ¿Cuándo pasó?

La joven   Hace media hora.

El policía   ¿Qué había en el bolso?

La joven   Tenía mi carnet de identidad, mil
15   pesetas, las llaves de casa . . .

El policía   Muy bien, rellene esta hoja y espere allí un momento.

Entra un señor.

El señor   ¡Es terrible! Me han robado el coche.
              Es la segunda vez.

El policía ¿Dónde estaba?

5 *El señor*   ¿Yo?

El policía No, el coche.

El señor   En el aparcamiento de la calle de
              Cervantes. Ayer lo puse allí por la
              noche. Y esta mañana ya no estaba.

10 *El policía* Muy bien, siéntese allí, rellene esta
              hoja y espere un momento. A ver, la
              señorita del bolso . . .

Entran dos chicos con un cuadro.

Guillermo Este cuadro lo hemos encontrado
15   cerca del puerto. Se le cayó a una
              mujer.

El policía ¿Cuándo pasó?

Guillermo Hace un cuarto de hora.

El policía ¿Cómo era la mujer?

20 *Guillermo* Era joven. Era muy alta y delgada . . .
             tenía el pelo rubio y llevaba una
             maleta.

El policía ¿Cómo era la maleta?

Guillermo Era pequeña, pero no me acuerdo del
25   color que tenía. ¿Te acuerdas tú,
             Julio?

Julio   No, yo tampoco me acuerdo del color
             que tenía la maleta.

El policía Bueno, este cuadro desapareció en
30   Pamplona la semana pasada.

Cartas al Director

Señor Director de DESTINO

Muy señor mío:

Soy camarero. Trabajo en una cafetería, en la calle de Córcega. Por la tarde hago un par de horas en la terraza del mismo café. No me gusta, porque por la calle pasan continuamente coches y autobuses. El aire no se puede respirar.

Antes, hace diez o quince años, en la calle de Córcega había muchos árboles y el aire estaba limpio porque no pasaban tantos coches.

Yo trabajaba todo el día en la terraza, por la mañana y por la tarde. A todos les gustaba mucho estar allí. Los clientes comían y leían tranquilamente. Los turistas escribían postales. Allí descansaban y estaban muy contentos. Se quedaban mucho tiempo.

Y por la acera iba y venía mucha gente.

Ahora se quedan cinco minutos y se van. Se van porque los coches les molestan mucho.

Ahora el cuello de mi camisa, por la noche, cuando vuelvo a casa, está muy sucio. Mi mujer tiene que estar limpiándolo mucho tiempo. Es muy difícil larvarlo.

¿Qué hacen los responsables? ¿Por qué no solucionan este problema? Sé que el problema no es fácil pero debe haber alguna solución.

Atentamente
Jesús Casares,
Camarero

* Correspondencia

Sr. Director:

Tengo 17 años y estudio español en el colegio. Me gustaría tener correspondencia con chicos españoles de mi edad. Me gusta la música (clásica y moderna) y el baile. Me gusta la natación. También me gusta el pin-pon, pero prefiero nadar. Un amigo me ha ayudado a escribir esta carta, pues no sé escribir español, pero mis amigos españoles pueden escribirme en francés o en inglés.

Jean-Louis Touron
15, Rue d'Espagne
Lyon, Francia

Las flores

Una mañana salió Tomás Pereda de su casa para ir al trabajo. No pudo encontrar su coche. Alguien lo había robado. Tomás tuvo que ir en metro. Denunció el robo a la policía.

Al día siguiente, por la mañana, el coche estaba otra vez delante de su casa. Tomás se alegró, naturalmente. Abrió la puerta y encontró, dentro del coche, un magnífico ramo de rosas. Al lado de las flores había dos entradas para el teatro. Eran para uno de los mejores teatros de la ciudad. Tomás Pereda pensó entonces que había ladrones muy simpáticos y que este ladrón era una buena persona.

Por la noche él y su esposa fueron al teatro. Daban "Un sereno debajo de la cama", una obra de teatro muy divertida. Les gustó mucho.

Tomás Pereda y su esposa volvieron tarde a casa y cuando entraron vieron que el piso estaba vacío.

Mientras ellos estaban en el teatro había entrado el ladrón en su piso y se había llevado todo lo que había allí.

Al día siguiente, por la mañana, Tomás Pereda volvió a la comisaría.

Los Pereda vendieron el coche y nunca más volvieron al teatro.

43 Extremadura

Extremadura está en el oeste de la Meseta Sur. La mayor parte de los extremeños son campesinos, sin tierra propia. Cultivan trigo, uvas y olivas. En Extremadura hay muchos
5 cerdos y ovejas y se produce corcho.

En Extremadura se han construido muchos pantanos para regar tierras que antes no producían nada.

Como hay poco trabajo en esta parte del país
10 muchos extremeños emigran, sobre todo a Madrid, a Barcelona y al extranjero.

Jorge Rodríguez

Jorge Rodríguez vive cerca de Badajoz.

— ¿Y usted también se va?
— Yo no, soy demasiado viejo. Tengo 64
15 años.
— ¿Pero hay mucha emigración?
— Sí, aquí sólo quedamos los viejos, las mujeres y los niños. Mis hijos están todos en Suiza.

20 — ¿Todos se van al extranjero?
— Todos no, pero la mayor parte. Muchos van a Barcelona.
— ¿Y no vuelven?
— Depende. Si van al extranjero vuelven a
25 España, pero no al pueblo. Se quedan en Barcelona o en otra ciudad.
— ¿No les gusta la vida en el extranjero?
— Es muy distinta. Allí hay trabajo y ganan más dinero, pero la vida es más cara. También
30 hay problemas: allí hablan otra lengua, tienen otras costumbres y la comida . . . y no son católicos.
— ¿Por qué se han ido tantos de aquí?
— Se gana poco. Aquí la tierra está en manos
35 de unos pocos. Los que no tenemos tierra propia ganamos poco.
— ¿Qué pasa si la emigración continúa?
— Pues, es peor para nosotros los que quedamos. Muchos de los que se van son chicos
40 trabajadores y ambiciosos. Y si no vuelven . . .

(Inspirado en James A. Michener, *IBERIA*)

la Meseta Sur southern area of the Castilian plain
la mayor parte majority
el extremeño (man) of Extremadura
la tierra propia land of (his) own
el trigo wheat
la oliva olive
el cerdo pig
la oveja sheep
producirse to be produced
el corcho cork
se han construido have been built
el pantano reservoir
regar(ie) to irrigate
como as, since
emigrar to emigrate
sobre todo mainly

Grammar summary and verb tables

S = singular
P = plural

Articles   Los artículos

1	**a** *Singular*		**b** *Plural*	
	Masculine	Feminine	Masculine	Feminine
Definite form	**el bolso** the bag	**la carta** the letter	**los bolsos** the bags	**las cartas** the letters
Indefinite form	**un bolso** a bag	**una carta** a letter	**unos bolsos** some bags	**unas cartas** some letters

The neuter form **lo** before an adjective converts it into a noun; before **que** it forms a relative pronoun:
lo bueno the good, **lo que** what, that which.

Remember

2			
	a Voy **al** hotel.	I'm going to the hotel.	● a+**el** forms **al**
	b Juan va **del** banco **al** hotel.	John is going from the bank to the hotel.	● de+**el** forms **del**

3   Notes on articles

a **La señorita** Molina está en la calle.
El doctor Sotelo entra en el estanco.
Don Tomás y **doña** Eusebia están esperando el tren.

Miss Molina is in the street.
Dr. Sotelo goes into the tobacconist's.
Tomás and Eusebia are waiting for the train.

● The article is used before titles when someone is spoken about. The article is not used with **don** and **doña**.

b Buenos días, **señor**.
Buenos días, **doctor**.
Tome el número seis, **señorita**.

Good morning, sir.
Good morning, doctor.
Take number six, Miss.

● No article is used when someone is addressed.

c (**El**) **Ecuador** está en el ecuador.
(**La**) **Argentina** limita con (el) **Uruguay**.
La España verde.

Ecuador is on the equator.
Argentina borders on Uruguay.
Green Spain.

● Names of certain Latin American countries may take the article.
● Proper names qualified by an adjective take the article.
● Names of certain towns require the article.

La Habana es la capital de Cuba y
La Paz es la capital de Bolivia.

Havana is the capital of Cuba and La Paz is the capital of Bolivia.

d **El lunes** tengo seis horas de clase.
Los domingos no pasa el tren.

On Monday I have six lessons.
There's no train on Sundays.

● Names of days require an article.
Exception: **Hoy es domingo**.
The definite article is used with:
● mountains, seas, rivers
● points of the compass
● nouns used in a general sense
● expressions of time by the clock
● parts of the body after **tener**
● games
● names of teams

e **Los** Pirineos, **el** Atlántico, **el** Ebro.
f Sevilla está en **el** sur.
g Me gusta **el** té.
h Empiezo a **las** nueve.
i María tiene **los** ojos verdes.
j Los señores juegan **al** dominó.
k **El** Real Madrid es un equipo de fútbol muy famoso.

The Pyrenees, the Atlantic, the Ebro
Seville is in the south.
I like tea.
I start at nine o'clock.
María has green eyes.
The gentlemen are playing dominoes.
Real Madrid is a very famous football team.

l En **otra** mesa hay un señor.
Deme **otra** cerveza, por favor.

At another table there is a gentleman.
Give me another beer, please.

● The indefinite article is omitted before **otro**, and before **medio**.

m Pasa **media** hora.
Deme **medio** kilo, por favor.
Deme un kilo y **medio**.

Half-an-hour goes by.
Give me half a kilo, please.
Give me a kilo and a half.

n **parte** de la pesca.

Part of the catch.

● The indefinite article is often omitted before **parte**.

Nouns   El sustantivo

4   a Singular

Masculine		Feminine	
un bolso	a bag	**una carta**	a letter
un hotel	a hotel	**una ciudad**	a city
un coche	a car	**una calle**	a street

But:

una moto	a motorcycle	**un dia**	a day
una radio	a radio	**un programa**	a programme
una mano	a hand	**un mapa**	a map

El agua está fria.
Tengo mucha **hambre**.

The water is cold.
I am very hungry.

● Spanish nouns are masculine or feminine.
● Nouns ending in **-o** are generally masculine, those ending in **-a** are generally feminine.
● Nouns ending in a consonant or **-e** may be masculine or feminine.

● **Agua** and **hambre** are feminine. **El** is used with feminine nouns like these beginning with stressed **a** or **ha**.

b Plural

Masculine		Feminine	
dos bolsos	two bags	**dos cartas**	two letters
dos hoteles	two hotels	**dos ciudades**	two cities
dos coches	two cars	**dos calles**	two streets

Los jueves no tengo clase.
Los López y **los Molina** son simpáticos.

I have no lesson on Thursdays.
The López and Molina families are nice.

● To form the plural, nouns ending in a vowel add **-s**; those ending in a consonant add **-es**.
un autobús, a bus, **dos autobuses**, two buses (no accent in plural).

● Nouns of more than one syllable ending in unstressed **-es** and family names have no plural form.

Some masculine plurals have two meanings:

el hermano	the brother	**los hermanos**	the brothers, brothers and sisters
el padre	the father	**los padres**	the fathers, parents
el señor	the gentleman	**los señores**	the gentlemen, ladies and gentlemen
el hijo	the son	**los hijos**	the sons, sons and daughters
el papá	the dad	**los papás**	the dads, dads and mums
el abuelo	the grandfather	**los abuelos**	the grandfathers, grandparents

5   Possession   El genitivo

La moto **de** Paco.
El estanco **de la** señora Valera.
El coche **del** señor Sotelo.
La casa **de las** chicas.
Los discos **de los** chicos.

Paco's motorcycle.
Mrs. Valera's cigarette shop.
Mr. Sotelo's car.
The girls' house.
The boys' records.

● To express possession, we must say 'the car of Paco', 'the house of the girls', etc.
Remember: **de** + **el** forms **del**.

La fábrica **de** tabaco.
Vamos al cine **de** la plaza.
El tren **de** las nueve.
¿Ves a la chica **del** bolso negro?

The tobacco factory.
Let's go to the cinema in the square.
The 9 o'clock train.
Do you see the girl with the black bag?

● **de** may also express 'in' or 'with' or form part of an adjectival phrase.

6   Expressions of quantity

una taza de chocolate
un kilo de arroz
un cuarto de kilo
tres millones de habitantes
mil toneladas de naranjas

a cup of chocolate
a kilo of rice
a quarter of a kilo
three million inhabitants
1000 tons of oranges

● Note use of **de** in expressions of quantity.

Adjectives   El adjetivo

7 Singular

a

Masculine
un coche negro   a black car
un bolso grande   a large bag
un bolígrafo azul   a blue ballpoint

Feminine
una maleta negra   a black suitcase
una taza grande   a large cup
una camisa azul   a blue shirt

● Adjectives ending in **-o** have a feminine form ending in **-a**. Other adjectives are invariable.

b

un señor español   a Spanish gentleman
un libro francés   a French book
un coche alemán   a German car

una señora española   A Spanish lady
una revista francesa   a French magazine
una moto alemana   a German motorcycle

● Exception: Adjectives of nationality add **-a** to form the feminine. Note where accent becomes unnecessary.

8 Plural

Masculine
los coches negros
los bolsos grandes
los bolígrafos azules

las señoras españolas

Feminine
las maletas negras
las tazas grandes
las camisas azules

los señores españoles

● Adjectives form their plural in the same way as nouns.
Those ending in a vowel add **-s** in the plural.
● Those ending in a consonant add **-es**.
The same applies to adjectives of nationality.

9 Position

a **La maleta negra** es de un **señor italiano.**
b Una **buena pensión.**
Hace **buen tiempo.**
Hace muy **mal tiempo.**
Un **buen amigo.**
c El **Gran Hotel** está en la **Gran Via.**

Esto es un **gran problema.**

The black suitcase belongs to an Italian gentleman.
A good guest house.
The weather is good.
The weather's very bad.
A good friend.
The Grand Hotel is in the Gran Vía (Main Avenue).

This is a great problem.

● Adjectives usually follow the noun they qualify.
● **Bueno** and **malo** often come before the noun; in that position the masculine singular form is shortened to **buen** and **mal**.

● **Grande** becomes **gran** before masculine and feminine singular nouns.

10 Comparison   Comparación

		Positive	Comparative	Superlative	Superlative
a	**Singular**				
	Masculine	**alto**	**más alto**	**el más alto**	**el coche más caro**
		high	higher	the highest	the most expensive car
	Feminine	**alta**	**más alta**	**la más alta**	**la casa más alta**
					the highest house
	Plural				
	Masculine	**altos**	**más altos**	**los más altos**	**los cuadros más conocidos**
	Feminine	**altas**	**más altas**	**las más altas**	the best known pictures
					las casas más altas
					the highest houses

b The following four adjectives have both regular and irregular comparative and superlative forms:

bueno	good	**más bueno**	better	**el más bueno**	best
		mejor	better	**el/la mejor**	best
malo	bad	**más malo**	worse	**el más malo**	worse
		peor	worse	**el/la peor**	worst
pequeño	small	**más pequeño**	smaller	**el más pequeño**	smallest
		menor	smaller, younger	**el/la menor**	smallest, youngest
grande	large	**más grande**	larger	**el más grande**	largest
		mayor	larger, older	**el/la mayor**	largest, eldest

En el Retiro el aire es **mejor**.
Esta es la **mejor** pensión de la ciudad.
Estos pantalones son los **mejores** que tengo.
Beatriz es **la menor** de las tres hermanas.
Luis es **mayor** que Carlos, pero Carlos es más alto que Luis.

In the Retiro the air is better.
This is the best guest house in the town.
These trousers are the best I have.
Beatriz is the youngest of the three sisters.
Luis is older than Carlos, but Carlos is taller than Luis.

● **Mayor** and **menor** may refer to age.

11

¡Qué sello **más bonito**!

What a beautiful stamp!

● Regular comparative forms used in exclamations have no comparative force.

12

Aquí hay **muchísimos** coches.
Muchísimas gracias.

There are a great many cars here.
Very many thanks.

● To express very + an adjective the ending **-ísimo** may be used.

13 Comparisons

Carlos trabaja **más que** Luis.
Las chicas ganan **menos que** los chicos.
Juan no trabaja para **la misma** empresa **que** Ramón.
Luis no es **tan** alto **como** Carlos.
Luis no trabaja **tanto como** Carlos.
En el centro de España no hay **tanta** población **como** en las costas.
En Valencia no hay **tantos** habitantes **como** en Madrid.

Carlos works harder than Luis.
The girls earn less than the boys.
Juan doesn't work for the same firm as Ramón.
Luis is not as tall as Carlos.
Luis doesn't work as hard as Carlos.
In the centre of Spain there are not as many people as on the coasts.
Valencia has not as large a population (*lit.* as many inhabitants) as Madrid.

Madrid tiene **más de** tres millones de habitantes.
Carlos no tiene **más que** treinta pesetas.

Madrid has a population of more than three million.
Carlos has only thirty pesetas.

Before numerals:
● more than + a number: **más de**; not more than, only + a number: **no . . .más que.**

Adverbs   El adverbio

14

a	principal	– principalmente	chiefly, mainly
	atento	– atentamente	attentively
	fácil	– fácilmente	easily
		(accent unchanged)	

● Adverbs are formed by the addition of **-mente** to the feminine form of the adjective.

La gente trabaja principalmente en el campo.	People work mainly in the country.		
Por la calle pasan continuamente coches.	In the street cars go by continuously.		
Los clientes comen y leen tranquilamente.	The clients eat and read undisturbed.		

b	**bien**	well	**mejor**	better	**lo mejor**	(the) best
	mal	badly	**peor**	worse	**lo peor**	(the) worst
	mucho	a lot, much	**más**	more	**lo más**	(the) most
	poco	little	**menos**	less	**lo menos**	(the) least

● The adverbs **bien, mal, mucho, poco** have an irregular comparative form.

Emilio lava **bien**, pero Luis lava **mejor**.
El chico habla **mal**, pero su amigo habla **peor**.

Emilio washes well, but Luis washes better.
The boy speaks badly, but his friend speaks worse.

15 Very, (very) much

a La barra es **muy** larga.
Habla **muy** bien.

b Este edificio es **mucho** más alto.
Su hermano habla **mucho** mejor.
—¿No está usted **mejor** hoy?
— No, **mucho peor**, doctor.

c Llueve **mucho**.
Trabajo **mucho**.
Este refresco me gusta **mucho**.

d Aquí hace **mucho** calor.
Tengo **mucho** frío.
Ana tiene **mucha** sed.
Andrés tiene **mucha** hambre.

The bar is very long.
He speaks very well.

This building is much higher.
His brother speaks far better.
'Aren't you better today?'
'No, much worse, doctor.'

It rains a lot.
I work hard.
I like this (soft) drink very much.

It's very hot here.
I am very cold.
Ana is very thirsty.
Andrés is very hungry.

● **Muy** (invariable) may be used before the comparative form of adjectives and adverbs.
● **Mucho** (invariable) may be used before the comparative form of adjectives and adverbs.

● **Mucho** (invariable) expresses a lot, very much, etc. with a verb.

● **Mucho, -a** is used with **el calor, el frío, la sed, el hambre**(f), as these are nouns.

Numerals   Los numerales

16   Cardinal

0	cero
1	uno (un), una
2	dos
3	tres
4	cuatro
5	cinco
6	seis
7	siete
8	ocho
9	nueve
10	diez
11	once
12	doce
13	trece
14	catorce
15	quince

17   Ordinal

primero (primer)
segundo
tercero (tercer)
cuarto
quinto
sexto
sé(p)timo
o(c)tavo
noveno
décimo

16	dieciséis, diez y seis
17	diecisiete, diez y siete
18	dieciocho, diez y ocho
19	diecinueve, diez y nueve
20	veinte
21	veintiuno (veintiún)
22	veintidós
23	veintitrés
24	veinticuatro
25	veinticinco
26	veintiséis
30	treinta
31, 32	treinta y uno (un), treinta y dos
40	cuarenta
50	cincuenta
60	sesenta
70	setenta
80	ochenta
90	noventa

● **uno** becomes **un** before a masculine noun, e.g. **veintiún discos**
● **unos, unas** may mean approximately, e.g. **unos 100 gramos**, about 100 grams
unas 50 pesetas, about 50 pesetas

100 cien (ciento)	800 ochocientos (-as)	
101 ciento uno	900 novecientos (-as)	
150 ciento cincuenta	1 000 mil	
200 doscientos (-as)	1 150 mil ciento cincuenta	
300 trescientos (-as)	2 000 dos mil	
400 cuatrocientos (-as)	100 000 cien mil	
500 quinientos (-as)	1 000 000 un millón	
600 seiscientos (-as)	2 000 000 dos millones	
700 setecientos (-as)		

- **ciento** becomes **cien** before a noun, **mil** or **millones**:
cien pesetas, 100 pesetas
cien mil pesetas, 100,000 pesetas
Standing alone, **cien** or **ciento** is acceptable:
Tengo cien/ciento
- From 200, the hundreds have a feminine form (**doscientas casas**, 200 houses, **trescientas cincuenta pesetas**, 350 ptas.)
- **millón** takes **de** before a noun (**un millón de toneladas de naranjas**, a million tons of oranges) see § 6.

18 Time

a ¿**A qué hora** empiezas hoy?	What time do you start today?
Empiezo **a las nueve**.	I start at nine o'clock.
Emilia empieza **a las tres de la tarde**.	Emilia starts at 3 p.m.
Termina **a las diez de la noche**.	She finishes at 10 p.m.
b ¿Qué hora es?	What time is it?
—Es la una.	It's one o'clock.
Son las dos.	It's two o'clock.
Son las tres y media.	It's half-past three.
Son las cuatro menos cuarto.	It's a quarter to four.
Son las cinco y cuarto.	It's a quarter past five.
Son las seis y diez.	It's ten past six.
Son las siete menos diez.	It's ten to seven.
Son las siete en punto.	It's exactly seven o'clock.
Son las doce y pico.	It's just after twelve.

19 Dates

—¿Qué fecha es hoy? — Es el uno de mayo. (Es el primero de mayo.)	What's the date today? It's the first of May.	
— ¿A cuántos estamos? — Estamos a ocho de enero.	What's the date today? It's the eighth of January.	

- Cardinal numbers are used in dates, except for the possible use of **primero**.
- No article is used in answering ¿**A cuántos estamos**?

20 Years, centuries

1975 = mil novecientos setenta y cinco.
En el siglo XVI (dieciséis).

In the sixteenth century.

21 Dates in letter headings

Toledo, dos de mayo de 1975.
Toledo, 2 de mayo 1975.

Toledo, 2nd May 1975.

22 Ordinal numerals

Luis vive en **el primer piso**, pero yo vivo en **el tercero**, izquierda.
Es **el tercer coche** que tengo.
Es **la tercera vez** que llamo.
Tome **la primera calle** a la derecha.

Luis lives on the first floor, but I live on the third, on the left side.
It's my third car.
I'm ringing for the third time.
Take the first turning on the right.

- **Primero** and **tercero** become **primer** and **tercer** before a masculine singular noun.
- Ordinal numbers agree with the nouns they qualify.

Pronouns Los pronombres

Personal pronouns Los pronombres personales

		23 Subject form		**24** Prepositional form	
Singular	1	yo	I	para mí	for me
	2	tú	you	ti	you
	3	él	he	él	him
		ella	she	ella	her
		usted	you	usted	you
Plural	1	nosotros	we	nosotros	us
		nosotras		nosotras	
	2	vosotros	you	vosotros	you
		vosotras		vosotras	
	3	ellos	they	ellos	them
		ellas		ellas	
		ustedes	you	ustedes	you

● These pronouns are usually omitted except where required for clarity or emphasis. **Usted, ustedes**, the 'polite' forms for 'you', are used with the third person of verbs, singular and plural. They may be written: **Ud., Uds., Vd., Vds.**

● These pronouns are used after prepositions (e.g. **para, a, de, por**)
● Exception:
con+mí is **conmigo**, with me
con + ti is **contigo**, with you (**tú**)

Reflexive pronouns and verbs Los pronombres y verbos reflexivos

25 *levantarse* to stand up, get up

me	me levanto	I get up	nos	nos levantamos	we get up
te	te levantas	you get up	os	os levantáis	you get up
se	se levanta	he, she, gets up	se	se levantan	they, you, get up
	(él, ella, Vd.)	you get up		(ellos, ellas, Vds.)	

Me levanto: literally, 'I get myself up'.
Levanto: I lift someone or something else.

26 *Position*

a **Me levanto** a las seis.
Ahora **no nos vamos**.

b Ya **se han despertado**.
Pero **no se han levantado**.

c Hoy quiero **acostarme** temprano.
Van a **lavarse**.

d ¡**Siéntese**!

e Ana ya está **lavándose**.
Estoy **afeitándome**.

I get up at six o'clock.
We are not going away now.

They have woken up already.
But they have not got up.

I want to go to bed early today.
They are going to wash.

Sit down!

Ana is washing (herself) now.
I am shaving.

These pronouns are placed:
● before the verb but after **no**

● in the perfect tense, before **haber** but after **no**
● after the infinitive and joined to it

● after the positive imperative and joined to it; note accent
● after the present participle and joined to it; note accent.

74

Object pronouns

27 Direct object El complemento directo

me	¿**Me** ves?	Can you see me?
te	No, no **te** veo.	No, I do not see you.
lo	¿Dónde está el libro? No **lo** encuentro.	Where's the book? I can't find it.
	¿Dónde está Carlos? No **lo** veo.[1]	Where's Carlos? I can't see him.
la	¿La carta? La leo yo.	The letter? I am reading it.
	¿Dónde está Ana? No **la** veo.	Where's Ana? I can't see her.
nos	¿**Nos** llevas también?	Are you taking us too?
os	Claro que **os** llevo.	Of course I'm taking you.
los	¿Quién tiene los billetes? Yo no **los** tengo.	Who has the tickets? I haven't got them.
	¿Dónde están los chicos? No **los** veo.[1]	Where are the boys? I can't see them.
las	¿Quién tiene las llaves? **Las** tiene papá.	Who has the keys? Dad has them.
	¿Dónde están las chicas? No **las** veo.	The girls? I can't see them.

[1]The forms **le**, him or you (**Vd.**) and **les**, them or you (**Vds.**) are also used, mainly in central and northern Spain.
For clarity, **a usted** and **a ustedes** may be added:
Lo busco a usted en seguida.
I shall look for you at once.
Las llevo a ustedes en mi coche.
I (shall) take you in my car.

28 *Position*

a ¿Dónde está el limón? No **lo** veo.
b No **lo** he comprado.
c Voy a **comprarlo** mañana.
d ¡**Lléveme** en su coche, por favor!
e ¿El limón? Mamá está **buscándolo**.

Where's the lemon? I can't see it.
I haven't bought it.
I'm going to buy it tomorrow.
Take me in your car, please.
The lemon? Mum is looking for it.

● Direct object pronouns have the same position in the sentence as reflexive pronouns. See § 26.

29 *Doubling*

La llave la tiene mamá.
A Martín no lo conozco.
¿Conoces a Luisa? No, a ella no la conozco.

Mum has the key.
I don't know Martin.
Do you know Luisa? No, I don't know her.

● This construction is sometimes used in colloquial speech, but there is no need for beginners to adopt it until they acquire experience.

30 Indirect object El complemento indirecto

me	¿**Me** das el libro?	Will you give me the book?
te	No, pero **te** doy el periódico.	No, but I'll give you the newspaper.
le	El empleado **le** da el ticket.	The clerk gives the ticket to him (to her, to you). ● See § 32.
nos	Luis **nos** devuelve el pasaporte.	Luis gives us back the passport.
os	**Os** doy también un recibo.	I'll give you a receipt too.
les	**Les** entrega el dinero.	He hands them the money. ● See § 32.

31 *Position*

a ¿**Me das** el periódico?
  No te doy el periódico ahora.
b Ya **te he dado** la revista.
  No le ha dado el libro.
c ¡Haga el favor de **darme** un recibo!
d ¡**Deme** el ABC, por favor!
  ¡**Póngame** dos kilos de gambas!

Will you give me the (news)paper?
I won't give you the paper now.
I've already given you the magazine.
I haven't given him the book.
Please give me a receipt.
Give me the ABC, please!
Give me two kilos of prawns!

● Indirect object pronouns have the same position as reflexive pronouns, see § 26, a, b, c, d.

32 Doubling

a

Paco le da un recibo a él	Paco gives a receipt to him
al señor	to the man
a ella	to her
a la señora	to the lady
a usted	to you
Paco les da algo a ellos	Paco gives something to them (m)
a los señores	to the men
a ellas	to them (f)
a las señoras	to the ladies
a ustedes	to you

● **Le** may express to him, to her or to you (**Vd.**) and **les** may express to them (m. or f.) and to you (**Vds.**); therefore **a** with a noun or the prepositional form of the pronoun may be used as well as the indirect object pronoun to clarify the meaning.

b No nos gusta el té **a nosotros**.   We don't like tea.
A mí me gustaría ir de vacaciones.   I should like to go on holiday.

● This construction may be used with any personal pronoun for the sake of emphasis, see § 98.

Demonstrative adjectives and pronouns/Los adjetivos y pronombres demostrativos

33 Este

	Singular		Plural	
Masculine	**este** bolígrafo	this ballpoint pen	**estos** bolígrafos	these ballpoint pens
Feminine	**esta** bicicleta	this bicycle	**estas** bicicletas	these bicycles
Neuter	**esto**	this		

— ¿Cuánto cuesta **este** bolígrafo?   'How much is this ballpoint pen?'
— 25 pesetas.   '25 pesetas.'
— ¿Y **este**?   'And this one?'
— 35 pesetas.   '35 pesetas.'
— ¿Qué es **esto**?   'What's this?'

● **Este** refers to something **aquí** (here), i.e. near the speaker.
● **Este** is often used in expressions of time: **este año**, this year, **esta tarde**, this afternoon.

---

34 Aquel

	Singular		Plural	
Masculine	**aquel** vestido	that dress	**aquellos** vestidos	those dresses
Feminine	**aquella** falda	that skirt	**aquellas** faldas	those skirts
Neuter	**aquello**	that		

— ¿Te gusta **aquel** vestido?   'Do you like that dress?'
— ¿**Aquel**? Si, es muy bonito. Y **aquellas** blusas son también muy bonitas.   'That one? Yes, it's very pretty. And those blouses are pretty too.'

● **Aquel** refers to something **allí** (over there), not near the speaker or the person addressed.

---

35 Ese

	Singular		Plural	
Masculine	**ese** reloj	that clock	**esos** relojes	those clocks
Feminine	**esa** taza	that cup	**esas** tazas	those cups
Neuter	**eso**	that		

— ¿Cuánto quiere por **ese** reloj?   'How much do you want for that watch?'
— 600 ptas.   '600 pesetas.'
— ¿Y **ese**?   'And that one?'
— 400.   '400.'
¡**Eso es**!   That's right!

● **Ese** refers to something near the person addressed.
Este, aquel and **ese** in all forms, when used as pronouns, can have an accent on the stressed syllable (**éste, aquél, ése**).

Indefinite pronouns   Los pronombres indefinidos

36

algo   something
nada   nothing, not anything

– ¿Quiere usted **algo** más?
No, **no** quiero **nada** más.

'Do you want anything more?'
'No, I don't want anything more.'

● Nothing, not anything, are expressed by **no** + verb + **nada**.

37

alguien   somebody
nadie   nobody

– ¿Viene **alguien** esta tarde?
– No, **no** viene **nadie**.
– ¿Ha comprado el pan **alguien**?
– No, **no** lo ha comprado **nadie**.
– ¿Has visto a **alguien**?
– No, **no** he visto a **nadie**.

'Is anyone coming this afternoon?'
'No, nobody is coming.'
'Has anyone bought the bread?'
'No, nobody has bought it.'
'Have you seen anyone?'
'No, I haven't seen anybody.'

● **Alguien** (someone) and **nadie** (nobody) are invariable. **Nadie** after the verb requires **no** before the verb.

Here **alguien** and **nadie** are direct objects although preceded by **a**.
See § 96.

38

alguno (de)   some, any (of)
alguna (de)
algún hotel   some, any, hotel

ninguno (de)   no, none (of)
ninguna (de)
ningún hotel   no hotel

– ¿Tienes **algún** libro en español?
– No, en español no tengo **ninguno**.
– ¿Hay **alguna** biblioteca por aquí?
– No, aquí no hay **ninguna**.
– ¿Ha llegado **alguno de** los chicos?
– No, **ninguno**.
– ¿Le queda **alguna de** las camisas rojas?
– No, de las rojas no me queda **ninguna**.

'Have you a book in Spanish?'
'No, I haven't one in Spanish.'
'Is there any library around here?'
'No, there isn't one here.'
'Have any of the boys arrived?'
'No, not one.'
'Have you any of the red shirts left?'
'No, I've none of the red ones left.'

● Note use of **alguno** here. **Alguno** and **ninguno** refer to persons and things.
Used as adjectives they become **algún** and **ningún** before a masculine singular noun.
Used as pronouns they require **de** before the noun.
Ninguno is rarely made plural.
Ninguno after the verb requires **no** before the verb.

No tengo coche.
Paco no tiene dinero.
Aquí no hay hoteles.

I have no car.
Paco hasn't any money.
There aren't any hotels here.

● N.B. No, not any, can be expressed by **no** in Spanish.

39   Relative pronouns   Los pronombres relativos

a Que who, which, that
La chica **que** está allí es María.
El coche **que** ves allí es nuevo.
Los chicos **que** están en la calle son Paco y Luis.
Las chicas **que** ves allí son españolas.
b Lo que what, that which
Luisa apunta **lo que** tiene que comprar.

The girl who is there is Maria.
The car you see there is new.
The boys who are in the street are Paco and Luis.
The girls you see there are Spanish.

Luisa makes a note of what she has to buy.

● **Que** (invariable) is the most used relative pronoun. It can refer to persons or things and is singular or plural.
It must be used in Spanish whether who, which or that is used in English or not.

● **Lo que** refers to an unspecified noun or idea.

Possessive adjectives and pronouns   Los adjetivos y pronombres posesivos

40   Adjectives

		Singular		Plural	
S 1	mi	libro		mis	libros
		casa			casas
2	tu	bolso		tus	bolsos
		maleta			maletas
3	su	bolígrafo		sus	bolígrafos
		maleta			maletas
P 1	nuestro	coche		nuestros	coches
	nuestra	casa		nuestras	casas
2	vuestro	hotel		vuestros	hoteles
	vuestra	casa		vuestras	casas
3	su	bolígrafo		sus	bolígrafos
		maleta			maletas

● Possessive adjectives agree with the thing possessed, not with the possessor.
Note that **su bolígrafo** may mean his, her, your (**Vd.** and **Vds.**), their ballpoint pen and **sus bolígrafos** may mean his, her, your (**Vd.**) and (**Vds.**), their ballpoint pens.

41   Pronouns

S 1	es	mío	son	míos	el mío	los míos
		mía	son	mías	la mía	las mías
2	es	tuyo	son	tuyos	el tuyo	los tuyos
		tuya	son	tuyas	la tuya	las tuyas
3	es	suyo	son	suyos	el suyo	los suyos
		suya	son	suyas	la suya	las suyas

P 1	es	nuestro	son	nuestros	el nuestro	los nuestros
		nuestra		nuestras	la nuestra	las nuestras
2	es	vuestro	son	vuestros	el vuestro	los vuestros
		vuestra		vuestras	la vuestra	las vuestras
3	es	suyo	son	suyos	el suyo	los suyos
		suya		suyas	la suya	las suyas

– Este bolso no es mío.
– ¿No es suyo? ¿De quién es?
– No sé. No es mío. El mío está aquí.
– Aquí están mis maletas,
  pero ¿dónde están las tuyas?
– ¿Tienes mi bolígrafo?
– No, este es mío. Creo que
  Ana tiene el tuyo.

'This handbag isn't mine.'
'It's not yours? Whose is it?'
'I don't know. It's not mine. Mine is here.'
'Here are my suitcases, but where are yours?'

'Have you got my ballpoint pen?'
'No, this is mine. I think Ana has yours.'

● Possessive pronouns stand for and agree with the thing possessed. They are preceded by **el, la, los, las** except (usually) after **ser**.
● Sometimes they are used with a noun, e.g. **un amigo mío**, a friend of mine.
Muy señor mío, Dear Sir (in letters).

42   Interrogative words   Interrogación

¿**Qué** hay en la maleta?
¿En **qué** maleta?
¿**Cuántos** discos hay?
¿**Cuántas** camisas hay?
¿**Dónde** está Lima?
¿**Cómo** está usted?
¿**Adónde** vas?
¿De **dónde** viene el tren?
¿**Quién** es la chica?
¿**Quiénes** son los chicos?
¿**De quién** es el coche?
¿**Por qué** va a Paris? (Porque . . .)
¿**Cuánto** cuesta el disco?
¿**Cuál** es la principal ciudad?

What is there in the suitcase?
In which suitcase?
How many records are there?
How many shirts are there?
Where is Lima?
How are you?
Where are you going?
Where does the train come from?
Who is the girl?
Who are the boys?
Whose is the car?
Why is he going to Paris? (Because . . .)
How much does the record cost?
Which is the chief city?

● **Qué** (invariable) is a pronoun and an adjective and refers to persons and things.

● **Cuál** and **cuáles** refer to persons and things.

Remember the following:

¿A **cuántos** estamos? — What is the date today?
¿A **cuánto** están las gambas? — How much are the prawns?
Pregunte al guardia **dónde** está el hotel. — Ask the policeman where the hotel is.
No sé **cómo** se llama. — I don't know what his name is.
No sabe **cuánto** cuesta. — He doesn't know how much it costs.
No dice **adónde** va. — He does not say where he's going.

● All interrogative words have an accent on the stressed syllable, even when the question is indirect.

Verbs   Los verbos

43

Hay there is, there are
En la maleta hay un disco. — In the suitcase there is a record.
En el bolso hay tres libros. — In the bag there are three books.
Aquí no hay hoteles. — There are no hotels here.

● **Hay** (from **haber** § 74) is invariable and means there is, there are.

44

a Es he, she, it is, you (Vd.) are
¿Qué **es** esto? — What's this?
Es un libro. — It's a book.
¿Quién **es** el chico? — Who is the boy?
Es Carlos. — It's Carlos.
Es mecánico. — He is a mechanic.
¿**Es** usted español? — Are you Spanish?
¿Cuánto **es**? — How much is it?

● (**Es, son** from **ser** § 86.)
● In all verbs, as with **ser**, you (Vd.) as well as he, she, it, takes the 3rd singular form and you (Vds.) as well as they, takes the 3rd plural form.

b Son they, you (Vds.) are
¿Quiénes **son** las chicas? — Who are the girls?
Son Carmen y Luisa. — They are (*or* it's) Carmen and Luisa.
Son camareras. — They are waitresses.
¿Ustedes **son** de Madrid? — Are you from Madrid?
Son doce pesetas. — It's twelve pesetas.

● Note the use of the plural in this and the last example below; the verb is plural when the complement is plural.

45

a Está he, she, it is, you (Vd.) are, expressing location or state of health
Lima **está** en Perú. — Lima is in Peru.
No **está** en España. — It is not in Spain.
¿Dónde **está** el hotel? — Where is the hotel?
Está en la plaza de Colón. — It's in Colón Square.
¿**Está** lejos? — Is it far?
La camisa **está** en la maleta. — The shirt is in the suitcase.
¿Cómo **está** usted? — 'How are you?'
– Bien, gracias. — 'All right, thanks.'

● See **estar** § 73.
● Note that subject pronouns, except **usted**, **ustedes**, are usually omitted. See § 23.

b Están they, you (Vds.) are, expressing location or state of health
Sevilla y Granada **están** en Andalucía. — Sevilla and Granada are in Andalucía.
Las chicas **están** en la calle. — The girls are in the street.
Están bien. — They are all right.
¿Cómo **están** ustedes? — 'How are you?'
– Bien, gracias. — 'Fine, thanks.'

Present tense   El presente

Spanish verbs are in three groups, or conjugations.

46 *I -ar verb* **47** *II -er verb–* **48** *III -ir verb*

buscar to look for comer to eat vivir to live

		buscar	I look for	comer	vivir
S 1	yo	busco	I look for	como I eat	vivo I live
2	tú	buscas	you look for	comes	vives
3	él		he looks for		
	ella	busca	she	come	vive
	usted		you look for		
P 1	nosotros	buscamos	we look for	comemos	vivimos
2	vosotros	buscáis	you look for	coméis	vivís
3	ellos		they look for		
	ellas	buscan	you	comen	viven
	ustedes				

- The stress (marked here by a dot) falls on the stem in 1st, 2nd, 3rd person singular and 3rd person plural.
- Subject pronouns are used only when required for clarity or emphasis.

Some **-ar** verbs:
llevar to carry, wear
entrar to come in, go in
trabajar to work
ganar to earn, win
tomar to take
exportar to export

Some **-er** verbs:
vender to sell
beber to drink
leer to read
comprender to understand

Some **-ir** verbs:
escribir to write
recibir to receive
subir to come up, go up

Stem-changing verbs   Verbos con diptongo

49 *-ar*
e > ie
a cerrar to close

S 1	cierro
2	cierras
3	cierra
P 1	cerramos
2	cerráis
3	cierran

50 *-er*
a querer to want, to love

quiero
quieres
quiere
queremos
queréis
quieren

51 *-ir*
a preferir to prefer

prefiero
prefieres
prefiere
preferimos
preferís
prefieren

- Many verbs have an infinitive in **-ar**. The **-er** group is smaller. The **-ir** group is quite large.
- Some verbs with regular endings have stem changes: 1 stem vowel **e** changes to **ie** when stressed.
Note stress (marked by a dot) and stem change.

Some verbs with stem e > ie
empezar to begin
pensar to think
despertarse to wake up
sentarse to sit down

tener to have
1st sing. pres:
tengo I have
See § 87

venir to come
1st sing. pres:
vengo I come
See § 89

o > ue
b encontrar to find

S 1	encuentro
2	encuentras
3	encuentra
P 1	encontramos
2	encontráis
3	encuentran

b poder to be able

puedo
puedes
puede
podemos
podéis
pueden

b dormir to sleep

duermo
duermes
duerme
dormimos
dormís
duermen

2 Stem vowel **o** changes to **ue** when stressed.
Note that in these verbs and those above, the stem vowel is unstressed, therefore unchanged, in the 1st and 2nd person plural

Some verbs with stem 0 > ue
almorzar to have lunch
costar to cost
acostarse to go to bed
contar to count, relate
acordarse de to remember

volver to return
llover; *llueve* to rain
doler to hurt, pain (§ 97)

c
There is one verb in this class with radical **u**: **jugar**, to play (*jugar al fútbol*, to play football)
juego, juegas, juega, jugamos, jugáis, juegan.

80

Continuous present   Presente progresivo

52 -ar (stem+**ando**)

El chico **está mirando** la tele.

The boy is watching TV.

● The present of **estar**+present participle expresses continuous action at the present time.

53

a -er (stem+**iendo**)
Estoy comiendo un bocadillo.
b -ir (stem+**iendo**)
Carmen **está escribiendo** una postal.
In verbs where stem ends in a vowel,
-**iendo** becomes -**yendo**:
leer to read **leyendo**
construir to build **construyendo**

I am eating a sandwich.

Carmen is writing a postcard.

54   Future   El futuro

S 1	**voy a escribir** I am going to write	P 1	**vamos a escribir**
2	**vas a escribir**	2	**vais a escribir**
3	**va a escribir**	3	**van a escribir**

● The immediate future is expressed by the present tense of **ir**+**a**+infinitive.

Voy a escribir las cartas.
Ana **va a volver** esta tarde.
Va a llover.
Luisa y Emilia **van a preparar** la comida.
¿Dónde **pongo** la mesa?
¿**Preparo** el café?

I'm going to write the letters.
Ana is going to return this evening.
It's going to rain.
Luisa and Emilia are going to get the dinner.
Where shall I lay the table?
Shall I make the coffee?

● Note use of present tense to express 'shall' in these examples.

Perfect   El perfecto compuesto

55 -ar   **56** **a** -er   **b** -ir

stem + **ado** : **comprado**   stem + **ido** : **comido**   stem + **ido** : **venido**

S 1	he comprado I have bought	he comido I have eaten	he venido I have come
2	has comprado	has comido	has venido
3	ha comprado	ha comido	ha venido
P 1	hemos comprado	hemos comido	hemos venido
2	habéis comprado	habéis comido	habéis venido
3	han comprado	han comido	han venido

Esta mañana Juan ha comprado un coche.
This morning John bought a car.

Hoy no he comido nada.
I haven't eaten anything today

– *Ya ha venido Juan?*
Has John come already?
– *Si, ha venido esta mañana.*
– Yes, he came this morning.

● The perfect is formed with the present tense of **haber** (see § 74) and the past participle of the verb in use.
● A safe rule is to use the Spanish perfect tense to express what 'has happened'. Spaniards sometimes use it to report recent events where a simple past tense would be used in English, but beginners are not advised to do so.

57 *Acabar de*+infinitive

Acabamos de comprar un piso.
Acabo de recibir tu carta.
Acaban de salir.

We have just bought a flat.
I have just received your letter.
They have just gone out.

● 'To have just done something' is expressed with the present of **acabar**+**de**+infinitive.

58 *Llevar*+expressions of time

Llevo dos años aquí.

I have been here for two years.

Pluperfect   El pluscuamperfecto

59   *-ar*   *-er*   *-ir*

S 1 había comprado   I had bought   había comido   había venido
  2 habías comprado   habías comido   habías venido
  3 había comprado   había comido   había venido
P 1 habíamos comprado   habíamos comido   habíamos venido
  2 habíais comprado   habíais comido   habíais venido
  3 habían comprado   habían comido   habían venido

● The pluperfect is formed with the imperfect of **haber** (see § 74) and the past participle of the verb in use.

Preterite   El pretérito

60   *-ar*

S 1 entré   I entered, went in, came in
  2 entraste
  3 entró
P 1 entramos
  2 entrasteis
  3 entraron

61 a *-er*   b *-ir*
      comer   **escribir**
      comí   I ate   escribí   I wrote
      comiste   escribiste
      comió   escribió
      comimos   escribimos
      comisteis   escribisteis
      comieron   escribieron

Ayer, a las 9 de la mañana, una mujer **entró** en el museo y **robó** un cuadro. Después **fue** al aeropuerto, **compró** un pasaje y **tomó** el avión de las 12: 30. **Llegó** a Madrid a la 1:15. **Cambió** de avión allí.
Las chicas **llegaron** a la una.
Ayer **cené** en casa de un amigo.
La semana pasada Carlos **se compró** un coche.
Vivieron allí cinco años.
Colombia **perteneció** a España durante más de dos siglos.
Estaba en la calle cuando de repente **llegó** un joven y me **robó** el bolso.

Yesterday at 9 a.m. a woman went into the museum and stole a picture. Then she went to the airport, booked a passage and took the 12.30 plane. She reached Madrid at 1.15. There she changed planes.
The girls arrived at 1 o'clock.
Yesterday I had supper at a friend's.
Last week Carlos bought himself a car.

They lived there for five years.
Colombia belonged to Spain for more than two centuries.
I was in the street when suddenly a youth came up and stole my bag.

● Regular preterite forms have a stressed ending marked here by a dot.
● Certain common verbs have an irregular preterite where there are stem changes. See verb list.

The preterite is used:
1 To express actions which succeeded one another in the past, building up a report or narrative;

2 to express events which took place at a specified time in the past;

3 to report events which were completed in the past even if they continued for some time.

4 to express past events while the imperfect denotes their setting.
See also § 62.

Imperfect   El imperfecto

62   *-ar*
         estar
S 1 estaba   I was, used to be
  2 estabas
  3 estaba
P 1 estábamos
  2 estabais
  3 estaban

63 a *-er*   b *-ir*
      tener   **vivir**
      tenía   I had   vivía   I was living
              used to have   used to live
      tenías   vivías
      tenía   vivía
      teníamos   vivíamos
      teníais   vivíais
      tenían   vivían

Llovía cuando salí a la calle.
Juan **estaba** leyendo cuando entré.
El joven **era** muy alto, **tenía** el pelo rubio y **llevaba** un traje gris.
Antes Benito **vivía** en Madrid, pero ahora vive en Paris.
Antes **trabajaba** todos los días en casa.
Antes siempre **iba** en autobús al trabajo, pero ahora voy en metro.
Ahora me levanto a las 7, pero cuando **iba** en autobús **me levantaba** a las 6.

It was raining when I went out.
Juan was reading when I came in.
The young man was very tall, he had fair hair and wore a grey suit.
Formerly Benito lived in Madrid, but now he lives in Paris.
Before, he used to work daily at home.
Formerly he always went to work by bus, but now he goes by underground.
Now I get up at 7, but when I went by bus I used to get up at 6.

● Regular imperfect endings always carry a stress marked here by a dot.
● **ser** § 86, **ir** § 76, **ver** § 90, have an irregular imperfect form.

● The imperfect is used:
1 to express what 'was happening';

2 to describe, in the past tense, situations, people or things;
3 to express what used to happen or happened regularly.

Imperative   El imperativo

64   Addressing *tú, vosotros*

	-ar		*-er*		*-ir*	
	mirar	**cerrar**	**comer**	**volver**	**subir**	**sormir**
S	mira	cierra	come	vuelve	sube	duerme
P	mirad	cerrad	comed	volved	subid	dormid

¡**Mira**! Look!   ¡**Oye**! (oír) Hi! Look here!   ¡**Toma**! Here you are!

● These forms, used in addressing **tú** and **vosotros**, are only for positive commands.

65   Addressing *usted, ustedes*

a

	-ar		*-er*		*-ir*	
S	mire	cierre	coma	vuelva	suba	duerma
P	miren	cierren	coman	vuelvan	suban	duerman

● These forms are only for the 'polite' imperative, that used in addressing **usted** and **ustedes**.
● Note endings shown in these examples. Imperative endings are added to the stem of the 1st singular present tense. Examples of verbs with irregular imperative stems are **ser** § 76 and **ir** § 86.

b

¡Pregunte a un guardia!	(preguntar)	Ask a policeman!
¡Tenga diez pesetas!	(tener)	Take (have) ten pesetas!
¡Deme dos sellos!	(dar)	Give me two stamps!
¡Dígame!	(decir)	Hullo! (answering the phone)
¡Oiga!	(oír)	Look here! Listen!
¡Diga!	(decir)	Go on, I'm listening.
¡Póngame un kilo!		Give me a kilo
Haga el favor de . . .	(hacer)	Kindly . . ., please . . .
¡Tráigame una cerveza!	(traer)	Bring me a beer.
¡Siéntese!	(sentarse)	Sit down!
¡Siéntense!	(sentarse)	Sit down! (plural)
¡Escríbalo!	(escribir)	Write it down!
¡Vaya al campo!	(ir)	Go to the country!
¡Permítame!	(permitir)	Allow me!
¡Pase usted!	(pasar)	After you!

● Object pronouns follow the positive imperative and are joined to it. Note that an accent is required in order that the verb may retain its original stress with the pronoun added.

c – ¿Puedo abrir esta ventana?   'May I open this window?'
    – No, no la abra usted.   'No, don't open it.'

● When the imperative is negative, object pronouns precede the verb and are not joined to it.

Alphabetical verb list

	Present	Present participle	Preterite	Past participle	Perfect	Imperfect
66	**abrir** to open			abierto		
S1	abro	abriendo	abrí	Pluperfect	he abierto	abría
2	abres			había abierto		
67	**caer** to fall					
			caí	caído	he caído	caía
S1	caigo	cayendo	caíste	Pluperfect		
2	caes		cayó	había caído		
			caímos			
			caísteis			
			cayeron			
68	**conocer** to know, to be acquainted with					
S1	conozco		conocí	conocido	he conocido	conocía
2	conoces					
69	**construir** to build					
S1	construyo	construyendo	construí	construido	he construido	construía
2	construyes					

A la mujer se le cayó el cuadro.
The woman dropped the picture.
Unaccented *i* between vowels becomes *y*.
See § 69 and compare § 53.

	Present	Present participle	Preterite	Past participle	Perfect	Imperfect	

70 dar to give

	Present	Present participle	Preterite	Past participle	Perfect	Imperfect
S1	doy	dando	di	dado	he dado	daba
2	das		diste			dabas
3	da	*Imperative*	dio	*Pluperfect*		daba
P1	damos	(usted)	dimos	había dado		dábamos
2	dais	dé	disteis			dabais
3	dan	den	dieron			daban

dar clases, to give lessons
darse cuenta de algo, to realize something
dar una vuelta, to go for a walk
Deme un Blanco y Negro, Give me a Blanco y Negro.

71 decir to say, to tell

	Present	Present participle	Preterite	Past participle	Perfect	Imperfect
S1	digo	diciendo	dije	dicho	he dicho	decía
2	dices		dijiste			decías
3	dice	*Imperative*	dijo	*Pluperfect*		decía
P1	decimos	(usted)	dijimos	había dicho		decíamos
2	decís	diga	dijisteis			decíais
3	dicen	digan	dijeron			decían

¡Dígame! Hullo! (answering the phone)
¡Diga! Yes?, Go on! I'm listening.

72 escribir to write

	Present	Present participle	Preterite	Past participle	Perfect	Imperfect
S1	escribo	escribiendo	escribí	escrito	he escrito	escribía
				Pluperfect		
				había escrito		

73 estar to be (location or state of health)

	Present	Present participle	Preterite	Past participle	Perfect	Imperfect
S1	estoy		estuve	estado	he estado	estaba
2	estás		estuviste			estabas
3	está		estuvo	*Pluperfect*		estaba
P1	estamos		estuvimos	había estado		estábamos
2	estáis		estuvisteis			estabais
3	están		estuvieron			estaban

¿A cuántos estamos? What's the date today?
Está a 30 kilómetros de aquí. It's 30 kilometres from here.
estar, see §§ 93–95.

74 haber to have (auxiliary verb only, see §§ 55, 59)

	Present	Present participle	Preterite	Past participle	Perfect	Imperfect
S1	he			habido		había
2	has					habías
3	ha, **hay**					había
P1	hemos					habíamos
2	habéis					habíais
3	han					habían

hay, see § 43.
hay que+infinitive, it is necessary to, one must
Hay que sacar reserva, one has (you have) to book seats.

Hay tres discos en la mesa.
There are three records on the table.

Había mucha gente allí.
There were a lot of people there.

No hay de qué.
Not at all! It's a pleasure!

75 hacer to do, to make

	Present	Present participle	Preterite	Past participle	Perfect	Imperfect
S1	hago	haciendo	hice	hecho	he hecho	hacía
2	haces		hiciste			hacías
3	hace	*Imperative*	hizo	*Pluperfect*		hacía
P1	hacemos	(usted)	hicimos	había hecho		hacíamos
2	hacéis	haga	hicisteis			hacíais
3	hacen	hagan	hicieron			hacían

hace+expressions of time can mean 'ago';
Pasó hace una semana.
It happened a week ago.

Hace buen tiempo.
It's fine.

Hace frío.
It's cold.

Cada mañana hace ejercicio.
Every morning he takes some exercise.

Hace diez grados bajo cero.
It's 10 degrees below zero.

– ¿Qué hace su marido?
'What does her husband do?'

Hacen una película muy buena en el Savoy.
There's a very good film on at the Savoy.

Hace calor.
It's warm (hot).

– Es mecánico.
'He's a mechanic.'

Hace transbordo en Sol.
He changes at Sol.

	Present	Present participle	Preterite	Past participle	Perfect	Imperfect

76 **ir** to go; **irse** to go away

	Present	Present participle	Preterite	Past participle	Perfect	Imperfect
S1	voy (me voy)		fui (me fui)	ido	he ido	iba
2	vas		fuiste		(me he ido)	ibas
3	va	*Imperative*	fue	*Pluperfect*		iba
P1	vamos	(usted)	fuimos	había ido		íbamos
2	vais	vaya (váyase)	fuisteis			ibais
3	van	vayan (váyanse)	fueron			iban

ir en autobús, to go by bus
ir en bicicleta, to cycle
ir en avión, to fly
ir en coche, to go by car

ir en moto, to go by motorcycle
ir en metro, to go by tube train
ir a pie, to go on foot
¡Vamos! Come on!, Let's go!

Vamos a preparar la comida.
We're going to get the dinner. (Future, see § 54)

---

77 **morir** to die

	Present	Present participle	Preterite	Past participle	Perfect	Imperfect
S3	muere		murió	muerto		

---

78 **oír** to hear

	Present	Present participle	Preterite	Past participle	Perfect	Imperfect
S1	oigo		oí	oído	he oído	oía
2	oyes		oíste			oías
3	oye	*Imperative*	oyó	*Pluperfect*		oía
P1	oímos	(tú) (usted)	oímos	había ido		oíamos
2	oís	oye oiga	oísteis			oíais
3	oyen	oíd oigan	oyeron			oían

¡Oye! Hi!, I say!
¡Oiga! Listen! Are you there? (on the phone)
For change from *i* to *y,* see § 67.

---

79 **poder** to be able

	Present	Present participle	Preterite	Past participle	Perfect	Imperfect
S1	puedo		pude	podido	he podido	podía
2	puedes		pudiste			podías
3	puede		pudo	*Pluperfect*		podía
P1	podemos		pudimos	había podido		podíamos
2	podéis		pudisteis			podíais
3	pueden		pudieron			podían

---

80 **poner** to put

	Present	Present participle	Preterite	Past participle	Perfect	Imperfect
S1	pongo	poniendo	puse	puesto	he puesto	ponía
2	pones		pusiste			ponías
3	pone	*Imperative*	puso	*Pluperfect*		ponía
P1	ponemos	(usted)	pusimos	había puesto		poníamos
2	ponéis	ponga	pusisteis			poníais
3	ponen	pongan	pusieron			ponían

poner la mesa, to lay the table
Póngame . . . Give me, I'll have . . .
aquí pone que . . . here it says that . . .

ponerse triste, to be (to get) sad
ponerse en la cola, to join the queue
poner un bar, un hotel, to open a bar, a hotel.

---

81 **producir** to produce

	Present	Present participle	Preterite	Past participle	Perfect	Imperfect
S1	produzco					
2	produces					

Se produce el jerez en Jerez de la Frontera.
Sherry is produced at Jerez de la Frontera, see § 92.

---

82 **querer** to want, to love

	Present	Present participle	Preterite	Past participle	Perfect	Imperfect
S1	quiero		quise	querido	he querido	quería
2	quieres		quisiste			querías
3	quiere		quiso	*Pluperfect*		quería
P1	queremos		quisimos	había querido		queríamos
2	queréis		quisisteis			queríais
3	quieren		quisieron			querían

---

83 **romper** to break

	Present	Present participle	Preterite	Past participle	Perfect	Imperfect
S1	rompo		rompí	roto	he roto	rompía
				Pluperfect		
				había roto		

La taza está rota. The cup is broken, see § 95b.

84   **saber** to know

	Present	Present participle	Preterite	Past participle	Perfect	Imperfect	
S1	sé		supe	sabido	he sabido	sabía	*saber cocinar,* to be able to (i.e.
2	sabes		supiste			sabías	know how to) cook
3	sabe		supo	*Pluperfect*		sabía	*saber nadar,* to be able to (i.e. know
P1	sabemos		supimos	había sabido		sabíamos	how to) swim
2	sabéis		supisteis			sabíais	
3	saben		supieron			sabían	

85   **salir** to go out, to come out, to leave

	Present		Preterite	Past participle	Perfect	Imperfect	
S1	salgo	*Imperative*	salí	salido	he salido	salía	*El tren sale para Málaga.*
2	sales	(usted)					The train leaves for Málaga.
		salga		*Pluperfect*			*Salgo de casa a las ocho.*
		salgan		había salido			I leave home at 8 o'clock.

86   **ser** to be

	Present		Preterite	Past participle	Perfect	Imperfect	
S1	soy		fui	sido	he sido	era	*Soy yo.* It's I (it's me).
2	eres		fuiste			eras	– *¿Cuánto es?* 'How much is it?'
3	es	*Imperative*	fue	*Pluperfect*		era	– *Son 50 pesetas.* 'It's 50 pesetas.'
P1	somos	(usted)	fuimos	había sido		éramos	See *ser* §§ 94–95.
2	sois	sea	fuisteis			erais	
3	son	sean	fueron			eran	

87   **tener** to have, to hold; **tener que** to have to

	Present		Preterite	Past participle	Perfect	Imperfect	
S1	tengo		tuve	tenido	he tenido	tenía	*tener que*+infinitive means to have
2	tienes		tuviste			tenías	to do something.
3	tiene	*Imperative*	tuvo	*Pluperfect*		tenía	*Tenemos que estudiar.*
P1	tenemos	(usted)	tuvimos	había tenido		teníamos	We have to study.
2	tenéis	tenga	tuvisteis			teníais	
3	tienen	tengan	tuvieron			tenían	

Pablo tiene un coche francés.
Pablo has a French car.

Tengo frío.
I'm cold.

Carlos tiene mucha prisa.
Carlos is in a great hurry.

Luisa tiene 19 años.
Luisa is 19 (years old).

Tengo calor.
I'm warm, hot.

Carmen tiene razón.
Carmen is right.

–*¿Tienes hambre? – No, pero tengo sed.*
'Are you hungry?' 'No, but I'm thirsty.'

Los chicos tienen sueño.
The boys are sleepy.

¡Tenga!
Here you are!, For you!

88   **traer** to bring

	Present	Present participle	Preterite	Past participle	Perfect	Imperfect	
S1	traigo	trayendo	traje	traído	he traído	traía	*¡Tráigame una cerveza, por favor!*
2	traes		trajiste			traías	Bring me a beer, please!
3	trae	*Imperative*	trajo	*Pluperfect*		traía	
P1	traemos	(usted)	trajimos	había traído		traíamos	
2	traéis	traiga	trajisteis			traíais	
3	traen	traigan	trajeron			traían	

89   **venir** to come

	Present		Preterite	Past participle	Perfect	Imperfect	
S1	vengo		vine	venido	he venido	venía	*¿A qué hora llega el tren?*
2	vienes		viniste			venías	What time does the train come?
3	viene	*Imperative*	vino	*Pluperfect*		venía	*¡Ya voy!* I'm coming!
P1	venimos	(usted)	vinimos	había venido		veníamos	
2	venís	venga	vinisteis			veníais	
3	vienen	vengan	vinieron			venían	

	Present participle		Past participle		
Present		Preterite		Perfect	Imperfect

90 **ver** to see; **verse** to see each other

S1	veo	viendo	vi	visto	he visto	veía
2	ves		viste			veías
3	ve	*Imperative*	vio	*Pluperfect*		veía
P1	vemos	(usted)	vimos	había visto		veíamos
2	veis	vea	visteis			veíais
3	ven	vean	vieron			veían

A ver si sabes . . . Let's see if you know . . .
Nos vemos a las 10.
We meet at 10.

91 **volver** to return, to come back

S1	vuelvo		volví	vuelto	he vuelto	volvía
2	vuelves		volviste			volvías
3	vuelve		volvió	*Pluperfect*		volvía
P1	volvemos		volvimos	había vuelto		volvíamos
2	volvéis		volvisteis			volvíais
3	vuelven		volvieron			volvían

92 The reflexive with passive meaning (pasiva refleja)

a
Aquí no **se puede** respirar.

You (one) can't breathe here.

● The reflexive form is used to express what 'one' does.

b
Se habla español.
El vino **se exporta**.
Se exportan naranjas.

Spanish (is) spoken.
Wine is exported.
Oranges are exported.

● When reflexive verbs have passive force, the verb must be singular when the subject is singular and plural when the subject is plural.

Notes on uses of *ser* and *estar*

93 *Estar*

a Sevilla **está** an Andalucía.
  Carlos **está** en la cocina.
  La moto **está** allí.

Sevilla is in Andalucía.
Carlos is in the kitchen.
The motorcycle is there.

b – ¿Cómo **está** usted?
  – **Estoy** muy bien, gracias, ¿y usted?
  – Pues, muy bien.

'How are you?'
'I'm fine, thanks; how are you?'
'Oh, all right.'

Estar expresses:
1 where a person or thing is;

2 how a person is.

94

Antonia **es** cocinera.
Es la hermana de Juan.
– ¿Qué **es**? **Es** un disco.
Hoy **es** domingo.
Es el 19 de julio.
Son las once.
Mi mujer **es** española.
Es de Granada.

Antonia is a cook. (occupation)
She is John's sister. (relationship)
'What is it?' 'It's a record.' (identity)
It's Sunday today. (day of the week)
It's the 19th of July. (date)
It's 11 o'clock. (time by clock)
My mother is Spanish. (nationality)
He is from Granada. (origin)

● **Ser** is used to state occupation, relationship, religion, nationality, dates, time by the clock, etc. See examples.

Both **ser** and **estar** may precede adjectives, the choice of verb being governed
by the meaning and context of the sentence.

a La chica **es** muy alta. — The girl is very tall. (physique) — ● **Ser** states permanent characteristics in persons or things.
Es morena. — She is dark. (physical quality)
Es muy simpática. — She is very nice. (character)
Su maleta **es** negra. — His suitcase is black. (colour)
Es grande y larga. — It is large and long. (shape)

b El vaso **está** limpio. — The glass is clean. (It's been washed) — ● **Estar** states temporary characteristics or those which are the result of an action.
Los platos **están** sucios. — The plates are dirty. (After being used for a meal)

La paella que han hecho las chicas
está muy rica. **Está** estupenda. — The paella the girls have made is very good. It's delicious. (The girls have cooked it well.)
¿Quién ha puesto azúcar en mi café?
Está muy dulce. — Who has put sugar in my coffee? It's very sweet.
Este café **está** frío. — This coffee is cold. (It's gone cold.)
El amigo de Tomás **está** muy contento. — Tomás's friend is very pleased. (Something has pleased him.)
El ciclista **está** cansado. — The cyclist is tired. (He has cycled a long way.)

N.B. Past participles used as adjectives generally require **estar**.

La discoteca **está** cerrada. — The discotheque is closed. — **Estar** is used because: someone has closed it
Las ventanas **están** abiertas. — The windows are open. — they have been opened
El disco **está** roto. — The record is broken. — someone has broken it
La mesa **está** puesta. — The table is laid. — someone has laid it
– ¿**Está** libre este asiento? — 'Is this seat vacant?' — the seat is vacant or taken as a result of someone's action
– No, **está** ocupado. — 'No, it's taken.'

The following examples show how the use of **ser** or **estar**
may influence the meaning of a sentence.

El cielo **es** azul. — The sky is blue. — *ser:* this is a characteristic of the sky
¡Mira! ¡Qué gris **está** el cielo! — Look! How grey the sky is! — *estar:* it has clouded over
Hoy he visto a Carlos. ¡Qué alto **está**! — I've seen Carlos today. How tall he is! — *estar:* Carlos has grown
Mi hermano **es** muy alto. — My brother is very tall. — *ser:* his height will not change
Andrés **es** muy simpático. — Andres is very nice. — *ser:* this is his character
¡Qué simpática **está** Ana hoy! — How nice Ana is today! — *estar:* she is not always so nice
Juan **está** muy triste. — Juan is very sad. — *estar:* something has saddened him
La película **es** muy triste. — The film is very sad. — *ser:* it's that sort of film
Los García **están** nerviosos. — The García family are nervous. — *estar:* they are anxious or worried
Pedro **es** nervioso. — Pedro is nervous. — *ser:* this is his character

96   Personal object

¿Ves **a** los niños? — Do you see the children? — ● **A** must precede the direct object when this denotes a person.
Veo **a** Carlos y **a** Anita, pero no **a** Juan. — I see Carlos and Anita, but not Juan. — *Note:* It is not used after **tener**:
Luis mira **a** la chica. — Luis looks at the girl. — *Tengo dos hermanos.* I've two brothers.
Cristina está esperando **a** Juan. — Cristina is waiting for Juan. — **Que** as object pronoun is never preceded by
¿Conoces **a** mi hermana? — Do you know my sister? — a. See § 39.
¿**A** tu hermana? — Your sister?

Gustar and doler

97 Unstressed form

a Singular

Me gusta la limonada.	I like lemonade.
Te gusta la limonada.	You (tú) like lemonade.
Le gusta la limonada.	He, she, you (Vd.) like lemonade.
Nos gusta la limonada.	We like lemonade.
Os gusta la limonada.	You (vosotros) like lemonade.
Les gusta la limonada.	They, you (Vds.) like lemonade.
Me duele la cabeza.	My head aches.
Etc.	Etc.

b Plural

Me gustan las gambas.	I like prawns.
Te gustan las gambas.	You like prawns.
Etc.	Etc.
Me duelen los ojos.	My eyes hurt.
Etc.	Etc.

● 'I like lemonade' is expressed in Spanish. 'Lemonade pleases me' (**gustar**=to please). If the thing (or person) liked is singular, the verb is singular; if the thing liked is plural, the verb is plural; the person who likes does not affect the verb.
Indirect object pronouns or nouns preceded by **a**, denote the person who likes.

● The same construction is used with **doler**: *Me duele el pie,* my foot hurts (literally, the foot pains me)

98 Stressed form

a Singular

A mí me gusta el frío.	I like the cold.
A él le ha gustado la película.	He has enjoyed the film.
¿A usted le gusta el coche?	Do you like the car?
A mí me duele la cabeza.	My head aches.

b Plural

A mí me gustan los perros.	I like dogs.
A ellas les gustan los paseos.	They like walks.
A Carlos (=a él) le duelen los ojos.	Carlos (he) has sore eyes.

c Word order

A Cristina le gusta el jersey.	Christine likes the sweater.
El jersey le gusta a Cristina.	
Le gusta el jersey a Cristina.	

● For clarity or emphasis, a pronoun or a noun, preceded by **a** may be used as well as the object pronoun. See § 24.

● The word order may vary according to the emphasis desired; the final word carries most stress.

99 Negative words   Las negaciones

a

No está en Lima.	He is not in Lima.
No va allí.	He doesn't go there.
No ha comprado el piso.	He hasn't bought the flat.
No lea más.	Don't read any more.

b

No desayuno nunca en casa.	I never have breakfast at home.
No quiero nada más.	I don't want anything more.
No hay ningún hotel por aquí.	There's no hotel around here.
No ha llegado nadie.	Nobody has arrived.

c

No la tengo.	I haven't got it.
No lo he leído.	I haven't read it.

● Negation is expressed by **no** before the simple verb, before **haber** in perfect tenses and before the imperative.
● **Nunca, nada, ninguno** and **nadie** after the verb require **no** before the verb.

● **No** always comes before object pronouns.

100 Diminutives   Los diminutivos

a

Luisa toma un **carrito**.	Luisa takes a trolley.
Emilia toma una **canastilla**.	Emilia takes a (small) basket.
Compran un **sobrecito** de azafrán.	They buy a small packet of saffron.
Vuelve con una **carretilla** de paja.	He comes back with a truckful of straw.

b

¿Qué estás haciendo, **Tomasito**?	What are you doing, Tommy?
¿Dónde está **Carmencita**?	Where's our Carmen?
Besos para **Carlitos**.	Love to little Charlie.

● The endings **-ito, -cito, -illo** have diminutive force, but some diminutive forms may have meanings of their own, see 1st and 4th examples.
● Diminutive endings may also show affection..

Vocabulary

(For Lesson vocabularies, see Workbook, p. 66.)

Figures after each translation indicate the Lesson where the word
first appears with this meaning.
* shows that a word first appears in a supplementary text.
'i' shows that a word first appears in an illustration
B shows that a word first appears in a Background section.
ie and *ue* indicate stem-changing verbs, see Grammar § 49–51.
Remember that in the Spanish alphabet, **ch**, **ll** and **ñ** are separate
letters following **c**, **l** and **n** respectively.

A

a to 3; in order to 5;
pers. obj. 22
abajo below 22
abierto (past part. *abrir*)
open 29
el **abogado** solicitor 20
el **abrazo** love 15
el **abrigo** coat 12 i
abril April 15
abrir to open 23*; 28
los **abuelos** grandparents
13
acabar de+inf. to have
just+past part. 21
la **academia de noche**
night-school 21
el **aceite** oil 29;—**de
oliva** olive oil 26 B
la **aceituna** olive 33
la **acera** pavement 41
el **acero** steel 39 B
acompañar to
accompany 29
acordarse de algo *me
acuerdo* to remember
something 27
acostarse *me acuesto* to
go to bed 18
acostumbrarse a algo
me acostumbro to get
used to something 38
además besides 23
¡adiós! goodbye 2
adivinar to guess 8
¿adónde? where? 3
la **aduana** Customs 28
el **aduanero** Customs
officer 28
adulto adult 31
el **aeropuerto** airport 21
afeitarse *me afeito* to
shave 18
aficionado a keen on
33*
las **afueras** outskirts 19
la **agencia de viajes**
travel agency 2 i; 25
agosto August
agotado sold out 36
el **agua** (f) water; —
mineral mineral water
22
ahora now 5; — **que**
now that 7
ahorrar to save 26 B
el **aire** wind 15; air 41
al (a+el) to 4
la **albóndiga** rissole 13 i
alegrarse *me alegro* to
be glad 42
la **alegría** joy 38
alemán German 17
Alemania Occidental

West Germany 26 B
la **alfombra** carpet 24
algo something 1
el **algodón** cotton 39B
alguien someone 30
algún some 31
alguno de some of 31
los **almacenes**
department/store(s)
13
la **almendra** almond 33
almorzar *ue* to have
lunch 11
el **almuerzo** lunch 13*
alrededor de
approximately 39 B
alto high 10
la **altura** height 19 B
el **alumno** pupil 14
allí there 4
amarillo yellow 11
ambicioso ambitious 43
el **amigo** friend 12
el **analfabeto** illiterate
39 B
Andalucía Andalusia
26 B; 27
andaluz Andalusian 27
el **andaluz** Andalusian
(person) 26 B
el **andén** platform 22
anteayer the day before
yesterday 38
antes before 15
antiguo old 20
el **año** year 8
¿cuántos años tiene?
How old is he? 8
el **aparcamiento** car
park 33
el **apellido** surname 32
aplaudir to applaud 31
apuntar to note down 29
aquel that 11
aquí here 3 B; **de**—from
here 8
el **árbol** tree 41
arreglar to put in order
29
el **arroz** rice 27
el **arte** art 19
el **artículo** article 21
el **ascensor** lift 20*
así so, thus 39 B
el **asiento** seat 25
Asturias Asturias 16 B
la **atención** attention 33
atentamente yours
faithfully (in a letter) 41
el **atún** tunny 16 B
el **autobús** bus 3
la **avenida** avenue 13*;
19
el **avión** plane 3
ayer yesterday 37

ayudar to help 41*
el **azafrán** saffron 29
el **azúcar** sugar 29
azul blue 11

B

el **bachillerato** 16+ or O
level examination 14
el **baile** dance 34
bajar to get out (of bus)
21
bajo below 15; low 26 B
el **balcón** balcony 24
el **banco** bank 4; bench
23
la **bandeja** tray 10
el **bar** bar 4
barato cheap 9
la **barca** boat 18
barcelonés from
Barcelona 13
el **barco** boat, ship 3
el **barman** barman 10
la **barra** bar 10; — **de
pan inglés** loaf of
farmhouse bread 29
el **barrio** district, quarter
19 B; 20; — **satélite**
suburb 19 B
bastante quite 27
el **bastón** stick
beber to drink 13
la **bebida** drink 33
el **beso** kiss 38
la **biblioteca** library 4
la **bicicleta** bicycle 5
bien well 2
el **billete** ticket 23;
banknote 32
el **bistec** beefsteak 29
blanco white 1
la **blusa** blouse 11
la **boca** mouth 35
el **bocadillo** sandwich 10
el **bolígrafo** ballpoint
pen 9
la **bolsa de plástico**
plastic bag 29
el **bolso** bag 1; handbag
23
bonito pretty, nice 11
la **botella** bottle 1
el **Brasil** Brazil 3 B; 39 B
el **brazo** arm 35
¡buenas noches! good
night! 36
¡buenas tardes! good
afternoon/evening! 7
buen/o good 13
bueno well 7
¡buenos días! good
morning! 2
buscar to look for 4; to
fetch 30

el **buzón** letterbox 9

C

el **caballero** gentleman
12 i
'caballeros' gentlemen's
toilet 23 i
la **cabeza** head 35
el **cacao** cocoa 39 B
cada every 26 B; — **uno**
each 10
el **café** coffee 7
la **cafetera** coffee-pot
10
la **cafetería** café,
cafeteria 33
la **caja** box 9; crate 18;
cash-desk 29
la **cajera** cashier (f) 29
el **cajero** cashier (m) 32
el **cajón de la mesa**
table-drawer 29
los **calamares** squid 29 i
los **calcetines** socks 12
el **calor** warmth, heat 15
(see **hace**; **tener**)
la **calle** street 4
los **callos** tripe (food) 13 i
la **cama** bed 14
la **cámara fotográfica**
camera 1
el **camarero** waiter 7*; 10
cambiar de (*tren*) to
change (trains) 25
el **cambio** exchange
(money) 32 i
caminar to walk 35
el **camión** lorry 30
la **camioneta** van 18
la **camisa** shirt 1
el **campesino**
countryman, peasant
19 B; 27
el **campo** country 19 B;
27; field 30 B
la **canastilla** (wire)
basket 29
cansado tired 33; 37
la **cantidad** quantity 29
la **capital** capital (city)
3 B
¡Caramba! Did you
ever? Go on! 33*
el **carbón** coal 16 B
la **carne** meat 39 B
el **carnet de identidad**
identity card 40
caro dear, expensive 9
la **carretera** road 39
la **carretilla** truck 39
el **carrito** trolley 29
la **carta** letter 1
la **casa** home 5; house 19

a casa (de) to
(someone's) house 5;
(to my) home 20
en casa (de) at
(someone's) house 7
de casa from home 18
casado married 21
casi nearly, almost 10
castellano Castilian 22
catalán Catalan 14
Cataluña Catalonia 30 B
la **catedral** cathedral 6
la **categoría** class,
category 13*
católico catholic 43
catorce fourteen 6
causar to cause 38
cayó (pret. *caer*) it fell 40
la **caza** chase, hunt 36
la **cebolla** onion 29
la **cena** supper 13*
cenar to have supper 18
el **centro** centre 3 B
Centroamérica Central
America 15
cerca near(by) 4; — **de**
near to 13
el **cerdo** pig 43 B
las **cerillas** matches 9
cero zero 15
cerrado closed 29
la **cerveza** beer 13
el **ciclismo** cycling 33*
el **cielo** sky 29
cien(to) hundred 11
la **cigala** crayfish 29
el **cigarrillo** cigarette 9
cinco five 1
cincuenta fifty 10
el **cine** cinema 4
la **ciudad** city 3 B; 15
la **Ciudad Universitaria**
University City 21
claro que . . . of course
27
la **clase** lesson 14
clásico classical 41*
el/la **cliente** client,
customer 41
el **club** club 21
el **cobre** copper 39 B
la **cocina** kitchen 5
cocinar to cook 29
la **cocinera** cook 5
el **coche** car 3 B; 4
el **coche-cama** sleeping-
car 25
la **cola** queue 36
el **colegio** (independent)
school 14
el **colombiano** Colom-
bian 21
Colón Columbus 4
la **colonia** colony;
colonial period 39 B

90

colonizar to colonize 39 B
el color colour 11
el comedor dining room 13*; 24
comer to eat, to have dinner 13
el comerciante dealer 39
la comida food 15
la comisaría police station 40
¿cómo? how? 3
como like 15; as 19
la cómoda chest of drawers 24
cómodo comfortable 25
la compra shopping 29
comprar to buy 8*; 9
de compras out shopping 29
comprender to understand 22
con with 7*; 10
conmigo with me 33
conocer *conozco* to know 27
conquistar to conquer 39 B
el consejo advice 31
la conserva de pescado fish-canning factory 16 B
construir to build 30 B; 31
el consultorio consultation 35
al contado cash down 37
la contaminación del aire air pollution 19
contar *ue* to count 39
contento happy, satisfied 27
contestar to answer 12
contigo with you 33
el continente continent 39 B
continuamente continuously 41
continuar to continue 43
contra against 33 i
C.O.U. (Curso de Orientación Universitaria) 21
la copita little wine-glass 27
la corbata tie 12 i
el corcho cork 43 B
el cordero asado roast lamb 34*
el correo post 20; stopping train 25 i
correr to run 36
la correspondencia correspondence 41*
el cortado coffee with a little milk 10
la cortina curtain 24
la cosa thing 31
la costa coast 3 B; 15
costar *ue* to cost 6
la costumbre custom 43
creer to believe, to think 14
la criada maid 12
la cruz cross 9
el cuadro picture 6
¿cuál? which? 15
cualquiera anyone 34*
¿cuándo? when? 15
¿cuánto? how much? 6; — es? how much is it? 10

¿a cuánto está? What's the price of it? 10
¿cuántos -as? how many?
¿a cuántos estamos? what's the date today? 32
cuarenta forty 8
cuarto fourth 20*
el cuarto quarter 10; room 29
el cuarto de baño bathroom 24
cuatro four 1
la cuchara spoon 29
el cuchillo knife 29
el cuello collar 41
el cuerpo body 35
cuesta (*costar*) it costs 6
¡cuidado! be careful! look out! 18
cultivar to grow 30; **se cultiva** is grown 19 B
el cura priest 23
el curso course 21

CH

la chaqueta jacket 12 i
el cheque de viaje traveller's cheque 32
la chica girl 5
el chico boy, young man 5
el chiste joke 31
el chocolate chocolate 1
el churro a sort of fritter 10

D

danés Danish
dar *doy* to give 19
darse *me doy* **cuenta de algo** to realize something 36
dcha. i.e. *derecha* 20 i
de from 7
debajo de under 14
deber to have to; **Vds. deben** you must 31
declarar to declare 28
decir *digo* to say 7
dejar to leave 20*
del (de+el) 3 B; 9
delante de in front of 9
delgado thin 25
demasiado too 9
¡deme! (imp. *dar*) give me, may I have 6
el dentista dentist 20 i
dentro de in, within 18; inside 42
denunciar to report 42
depende it depends 43
la dependienta shop assistant 11
el deporte sport 33
la derecha right 9; **a la — (de)** on the right (of) 9
desaparecer *desaparezco* to disappear 40
desayunar to have breakfast 10
el desayuno breakfast 10
descansar to rest 41
desde from 12 i; 15
desear to want 9
desnudo naked 19
despertarse *me despierto* to wake up 18

después afterwards 10; **— de+inf.** after doing or having done something 29
detenidamente carefully 35
detrás de behind 10
devolver *ue* to give back 32
a D.G. i.e. **a Dios Gracias** thank God 38
el día day 7; **al —** a day, daily 7; **— de clase** schoolday 14; **— de mi santo** my saint's day 15; **al — siguiente** on the following day 42
el diálogo dialogue 38
el dibujo drawing 14
dice (*costar*) he/she says that 7
dicho (past part. *decir*)
diciembre December 15
diez ten 6
diecisiete seventeen 8
diferente different 29
difícil difficult 41
¡diga! (imp. *decir*) yes? 13
¡dígame! (imp. *decir*) Hullo! (on the phone) 12
digo (*decir*) I say
dijo (pret. *decir*) he said 38
el dinero money 21
la dirección address 13*
el director editor 41
dirigirse a alguien to address someone 31
el disco record 1
la discoteca discoteque 29
distinto different 43
divertido amusing 42
divisa foreign exchange 17
doble (*habitación* **—**) double room 13*
doce twelve 6
el doctor doctor 35
el documento de identidad identity card 32
el dólar dollar 35*
doler *ue* to hurt, to ache 35
el dolor de cabeza headache 35
el domingo Sunday
el dominó dominoes 27
don title used before a man's first name 22
donde where 38
¿dónde? where? 2; **de —?** where... from? 21
doña title used before a woman's first name 22
dormir *ue* to sleep 35
el dormitorio bedroom 24
dos two 1
doy (*dar*) I give 19
la duda doubt 34*
dulce sweet 29
durante during, for 35
el duro 5 pesetas 36

E

e (before initial *i-* or *hi-*) and 26 B

(el) Ecuador Ecuador 3
el ecuador equator 39 B
la edad age 41*
el edificio building 19
EGB (Educación General Básica) 14
el (m. sing.) the 1
él, ella, ellas, ellos he, she they 13; him, her, them (prepositional pron.) 33
la emigración emigration 43
el emigrante emigrant 19 B
emigrar to emigrate 19 B
empezar *ie* to begin 10
el empleado clerk 25
la empresa firm 7
en in 1; **en avión** by air 3 B
encima de above 10
encontrar *ue* to find 11
encontrarse *me encuentro* to feel 35; **— con** to meet 18*
enero January 15
enfermo ill 14
enorme enormous, huge 15
enseñar to show 38
entender *ie* to understand 17
entonces then 14
la entrada entrance 24; ticket (cinema) 36
entrar to go in 4
entregar to hand (over) 32
entre between 3
enviar to send 26 B; 38
el equipo team 33 i
el equipaje luggage 27
era (imperf. *ser*) he/she it was 40
eres (*ser*) you (tú) are 14
es (*ser*) he, she, it is, you (Vd.) are 1
el escaparate shop-window 11
escogido selected 34*
escribir to write 21
escrito (past part. *escribir*) written 29
escuchar to listen (to) 10
la escuela school 31
ese, esa, esos, esas that, those 19
la esmeralda emerald 39 B
eso es that's it 8; **a eso de** at about (time by clock) 37
España Spain 2
español Spanish 17
el español Spanish (language) 3 B; Spaniard 16 B; 17
la española Spanish lady 17
especialmente particularly 16 B
el espejo mirror 24
esperar to wait 22
la esposa wife 32
esquiar to ski 35
está (*estar*) it is (location) 2; **¿cómo está usted?** how are you? 2; **está a unos 30 minutos** it's about 30 minutes walk (away) 8

la estación season 15; station 17
el estado state 19 B
los Estados Unidos USA 39 B
la estafeta de correos sub-post office 6
el estanco tobacconist's shop
el estanque pond 19
estar *estoy* to be (location and health) 2
el este east 17
este, esta, estos, estas this, these 9
esto this 1
Estocolmo Stockholm 17
el estómago stomach 35
estoy (*estar*) I am 12
estudiar to study 10
estupendo fine 12; lovely, delicious 29
estuvimos (pret. *estar*) we were 38
la etapa lap (of race) 33*
exacto exact 27
el examen examination 14
examinar to examine 35
excelente excellent 29
exigente demanding 7
la experiencia experience 7*
explicar to explain 19
exportar to export 3 B; **se exporta** is exported 16 B
el expreso expresso coffee 10
extranjero foreign 16 B
el extranjero foreigner 17; abroad, foreign parts 26 B; 38
el extremeño man from Extremadura 43 B

F

la fábrica factory 3 B; 5; **— de conservas** canning factory 18
fácil easy 41
la falange Spanish political party 14
la falda skirt 11
faltan 5 minutos (*faltar*) there are 5 minutes to wait 17
la familia family 5
famoso famous 26 B
la farmacia pharmacy 4
el favor favour; **¡haga el — de . . .!** will you kindly . . . 32; **por — ** please 4
febrero February 15
la fecha date 15
el ferrocarril railway 22
la ficha token 12
la fiebre fever 35
la finca estate 27
Finlandia Finland 17*
firmar to sign 32
el flan caramel cream 29
la flor flower 24
al fondo in the background 19
la foto photo 19
el francés French 14; Frenchman 17
Francia France 3 B; 25
el franco franc (French currency) 32

la **frente** forehead 35
frío cold 33
el **frío** cold 15; (see *hace; tener*)
la **frontera** frontier
la **fruta** fruit 29
fue (pret. *ir, ser*) he/she/it went/was, you (Vd.) went/were 37
la **fuente** source 17
fuerte: **abrazos fuertes** much love 38
fumar to smoke 10
la **función** performance 36
funcionar to work (of machine) 20*
el **fútbol** football 33*; 36
el **futbolista** footballer 33 i

G

la **gamba** prawn 18
ganar to earn 5; to win 33*
las **ganas: tener — de** to want to 22
la **garganta** throat 35
la **gasolinera** filling station 26 B
el **gato** cat 34*
generalmente usually 10
la **gente** people 19 B; 23
la **geografía** geography 14
el **gordo** first prize (lottery) 8
la **gorra** cap 36
gracias (por) thank you (for) 2, 38
el **grado** degree 15
la **gramática** grammar 14
el **gramo** gramme 29
gran/de large 3 B; 9
grave serious 19
la **gripe** influenza 35
gris grey 29
el **grupo** group 23
guapo attractive, pretty 34*
el **guardia** policeman 4
guatemalteco Guatemalan 15
el **guía** guide 19; la **—** handbook, guide 25
gustar to please 10
   me gusta I like 10
   me gusta más I like . . better, I prefer 10
   le gusta a usted you like 15*
   me gustaría I should like 17*

H

haber to have (auxiliary verb) 29
había (imperf. hay) there was/were 41
la **habitación** room 13*; 15
el **habitante** inhabitant; los **habitantes** people, population 18
hablar to speak 3 B; 15; **se habla** is spoken 3 B
hace he/she does 5
hace ago 39
hace aire it is windy 15
hace buen tiempo it is

fine 15
hace calor it is warm/hot 15
hace frío it is cold 15
hace dos grados it is two degrees 15
hace mal tiempo the weather's bad 15
hace sol it is sunny 15
hace viento it is windy 15
hacer *hago* to do 5; **— ejercicio** to take exercise 35; **— transbordo** to change (transport) 21; **hacen una película** there's a film on 14
hacia towards 27
¡haga! (imp. *hacer*) do! 32; **— el favor de . . .** will you kindly . . . 32
hago (*hacer*) I make 21
el **hambre** (f): **tener —** to be hungry 15
la **harina de pescado** fishmeal 39 B
hasta until 15
¡hasta luego! I'll be seeing you! 4
hay there is/are 1; **¿qué — ?** what is there? 1; well, what do you want? 14
hay que it's necessary to, you must 25
hecho (past part. *hacer*) made 29
el **helado** ice cream 15*; 33
la **hermana** sister 14
el **hermano** brother 14
los **hermanos** brothers (and sisters) 14
hiciste (pret. *hacer*) you did 38
el **hierro** iron 16 B
la **hija** daughter 21
el **hijo** son 18; los **hijos** children 21
hinchado swollen 35
la **historia** history 21
hizo (pret. *hacer*) he, she, you (Vd.) did 37
la **hoja** form 40
¡hola! hullo!
Holanda Holland 17
holandés Dutch 17
el **hombre** man 34*
¡hombre! good heavens! 36
la **hora** time 7; **— extra** overtime 38; **¿a qué — ?** at what time? 10; **¿qué — es?** what time is it? 14; **a estas horas** at this time of day 22
el **horario** time-table: school 14*; railway 22
la **horchata** milky drink made with earth nuts 33
el **hospital** hospital 31
el **hotel** hotel 4
hoy today 15
la **huerta** fertile area 30 B

I

iba (imperf. *ir*) used to go 41

ida (y vuelta) single (return) 25
la **iglesia** church 6
importante important 16 B; 17
incluido included 13*
el **indio** American Indian 39 B
la **industria** industry 16 B
industrial industrial 19 B
Inglaterra England 26 B
el **inglés** English (lang.) 41*; Englishman 17
el **ingrediente** ingredient 29
el **inmigrante** immigrant 19 B
el **instituto** secondary school 10
en el interior de in the centre of 27
el **invierno** winter 15
invitar to invite 33
ir *voy* to go 3; **— se** to go away 18
Isabel la Católica Isabella of Castile 13
la **isla** island 3 B
las **Islas Canarias** Canary Islands 17
el **italiano** Italian 14
izda. i.e. **izquierda** 20 i
la **izquierda** left (side) 9; **a la — (de)** on the left (of) 9

J

el **jamón** ham 10
japonés Japanese 17
el **jefe** boss 7
el **jerez** sherry 3 B; 27
el **jersey** jumper 11
la **joven** girl 37
los/las **jóvenes** young people 33
el **jueves** Thursday 14
jugar a *juego a* to play 27
el **juguete** toy 24
julio July 15
junio June 15
junto a near 19

K

el **kilo** kilo 29
el **kilómetro** kilometre 25; **— cuadrado** square kilometre 39 B

L

la (f. sing.) the 1; her, it (obj. pron.) 23
el **lado** side; **al — de** beside 9
el **ladrón** thief 42
el **lago artificial** artificial lake 19
la **lámpara** lamp 10
largo long 10
las (f. pl.) the 7; them (obj. pron.) 23
¡qué lástima! what a pity! 14
el **latifundio** large estate 26 B
Latinoamérica Latin America 3
el **lavabo** toilet 14
el **lavaplatos** dishwashing machine 29

lavar to wash 29
lavarse *me lavo* to wash oneself 18
le (ind. obj.) to him/her/you (Vd.) 32
la **lección** lesson 14
la **leche** milk 10
leer to read 13
lejos far 4; **— de** far from 12
la **lengua** language 16 B; 43
los **leotardos** tights 12 i
les (ind. obj.) to them/you (Vd.) 32
levantarse *me levanto* to get up 18
la **libertad** liberty 18
libre free 14
el **libro** book 1; **— de cocina** cookery book 29
el **licor** spirit (drink) 26 B
el **líder** front runner 33*
limitar con to border on 3 B
el **limón** lemon 10
la **limonada** lemonade 10
limpiar to clean 41
limpio clean 29
la **línea** line 21
la **lista de precios** price list 10
listo ready 29
la **literatura** literature 21
lo (dir. obj) him, it 22; **— que** what, which 29
los (m. pl.) the 7; (dir. obj) them 23
la **lotería** lottery 8
el **lunes** Monday 14

Ll

se llama his/her name is 14; is called 16 B
la **llamada telefónica** phone call 12
llamar to ring up 12; to call 36; **— se** *me llamo* to be named 18
la **llave** key 23
la **llegada** arrival 25 i
llegar to arrive, to come 17
llevar to carry 4; to wear 13; **lleva un mes aquí** he has been here for a month 38
llevarse to carry off 37
llover to rain 15
llueve it rains 15
la **lluvia** rain 15

M

la **madre** mother 7
madrileño of/from Madrid 15; 16 B
magnífico superb 42
la **maja** girl (of Madrid) 19
la **maleta** suitcase 1
mal/o bad 14
la **mamá** mum 23*
la **mandarina** tangerine 30 B
la **mano** hand 35; **a mano** by hand 39; **en manos de** in the hands of 43
el **mantel** tablecloth 29

la **mantequilla** butter 10
mañana tomorrow 3
la **mañana** morning 7; **por la —** in the morning 7: **esta —** this morning 29
la **marca** make 9
marcar to show 22; **un número** to dial a number 12
el **marido** husband 18
el **marqués** marquis 27
el **martes** Tuesday 14
marzo March 15
más else, more 1; **— de** more than, over 19; **— tarde** later on 15; **¡Qué sello — bonito!** What a pretty stamp! 20
mayo May 15
la/el **mayor** the elder/eldest 21
la **mayor parte** most 26 B; the majority 43
un **señor mayor** an elderly gentleman 36
la **mayoría** majority 18
me (refl.) 18; me (dir. obj.) 23; (to) me (ind. obj.) 32; **me gusta** I like 10
mecánico engineering 30 B; el **mecánico** mechanic 5
el **médico** doctor 20 i; 35
medio half; **a las ocho y media** at half past eight 10
medio average 16 B
a mediodía at midday/noon 12 i; 14
a medianoche at midnight 36
el **mejillón** mussel 33 i
mejor better 19
la/el **menor** the younger/youngest 21
menos less 8; **a las ocho — cuarto** at a quarter to eight 10
el **mercado** market 18
la **mermelada** jam/marmalade 19
el **mes** month 15; **al —** monthly 7*
la **mesa** table 7
el **mestizo** of mixed blood 39
el **metro** metre 19 B; underground railway 21
mi my 5
mí me 20
el **microbús** small Madrid bus 29
mientras while 27
el **miércoles** Wednesday 14
mil thousand 7*; 25
la **mili** military service 27
el **millón** million 16 B
la **mina** mine 16 B
el **mineral** mineral 39 B
el **minero** miner 16 B
el **ministerio** ministry 19 B
el **minuto** minute 8
mío mine 28
¡mira! look! (imp. *tú*) 11
mirar to look (at) 10
¡mire! look! look here! (imp. Vd.) 31

la **misa mayor** High Mass 34*

mismo same 11

moderno modern 7*; 19

molestar to disturb, to inconvenience 41

el **momento** moment 12

la **moneda** coin 32

montar to assemble 5

el **monumento** monument 19

moreno dark 10

la **mortadela** mortadela (chopped pork and bacon luncheon meat) 23

la **moto** motorcycle 9

el **mozo** youth 20*

el **muchacho** boy 36

muchas gracias thank you very much 10

muchísimas gracias very many thanks 38

muchísimo very much 29

muchísimos, -as very many 19

mucho (adv.) a lot 5; **—, -a** (adj.) a lot of 14

muchos, -as lots of, many 10

el **mueble** piece of furniture 38

la **mujer** woman 17

murió (pret. *morir*) he/she died 39

el **museo** museum 19

la **música** music 41*

muy very 2; **— bien** very well 2

N

nacer *nazco* to be born 39

nada nothing 13; **de —** not at all, it's a pleasure 10

nadar to swim 41*

nadie nobody 30

la **naranja** orange 3 B; 29

la **naranjada** orangeade 10

la **nariz** nose 35

la **natación** swimming 41*

naturalmente naturally, of course 42

necesitar to need 7

negro black 1

nervioso nervous 23

la **nevera** refrigerator 24

ni . . . ni neither . . . nor 31

ningún no (adj.) 31; **ninguno de** none of 31

la **niña** girl 12* i

el **niño** child 12; boy 12 i

no no 1; not 2; **¿no?** isn't it? etc. 9; **no hay de qué** that's all right, not at all 4

no . . . hasta not until 10

no . . . muy not very 13 **no . . . nada** not anything, nothing 13

no . . . nadie not anybody, nobody 30

no . . . nunca never 10

la **noche** night 10

nocturno night(-train) 25

el **nombre** name 13*; 32

noreste north-east 3 B

el **norte** north 3 B; **al — de** to the north of 14

Noruega Norway 17*

norteamericano North American 39

nos us (refl.) 18; (dir. obj.) 23; (ind. obj.) 32

nosotros, -as we 10; us 20

la **nota** note 22

novecientos nine hundred 11

noviembre November 15

la **novela** novel 34*

el **novio** boy friend, fiancé 17

nueve nine 6

nuevo new 7

el **número** number 4*; 12; lottery ticket 8

nunca never 42

O

o or 1

la **obra de teatro** play 42

octubre October 15

ocupado busy 28

ocurrir to happen/take place 40

ocho eight 6

el **oeste** west 3 B

la **oficina** office 10

¡oiga! (imp. *oír*) hi! I say! 13

oír *oigo* to hear 12

el **ojo** eye 25

la **oliva** olive 43 B

el **olivo** olive-tree 19 B

olvidar to forget 29

once eleven 6

os you (refl.) 18; (dir. obj.) 23; (ind. obj) 32

el **otoño** autumn 15

otra vez again 10

otro another 10

otros, -as others 26 B

la **oveja** sheep 43 B

¡oye! (imp. *oír*) hi! listen! 12

P

el/la **paciente** patient 35

el **padre** father 7

los **padres** parents 7

la **paella** paella (a rice dish) 29

las **pagas** bonuses 7

pagar to pay 7

la **página** page 34*

el **país** country 3 B; 31

el **País Vasco** Basque Country 16 B

la **paja** straw 39

la **palmada** clap 36

el **pan** bread 10; **— inglés** farmhouse loaf 29

los **pantalones** trousers 12 i

el **pantano** reservoir 43 B

el **papá** dad

los **papás** dad and mum 29

el **papel** paper 29

el **paquete** parcel 9

el **par** couple (things) 41

para for 8

la **parada** bus stop 4*

parece: ¿te parece bien? do you agree? 29; **me parece que** I think (that) 35

el **parque** park 19

la **parte** part 16 B; 18; **¿de — de quién?** who is speaking? 29

el **partido** match (as a wife) 34*

pasa: ¿qué le pasa? what's the trouble? 35

pasado last 38; **— mañana** the day after tomorrow 15

el **pasaje** passage 25

el **pasaporte** passport 32

pasar to spend (time) 15; to come (bus) 17; to pass 22; to happen 40

pase usted after you 35

pasear to go for a walk 13

el **paseo** walk 34*

el **pasillo** corridor, passage 24

la **pasta de papel** wood pulp 39 B

la **pastilla** tablet 35

las **patatas fritas** potato chips/crisps 29

la **patria** country (fatherland) 40 i

la **película** film 14

el **pelo** hair 35 i; 40

pensar *ie* to think 15; **— en** to think about 38

la **pensión** guest house 7*; 13

peor worse 19

pequeño small 9

perder *ie* to lose 40

¡perdone! (I beg your) pardon! 28

¡permítame! may I? with your permission 35

el **periódico** newspaper 8

el **periodista** journalist 21

pero but 5

el **perro** dog 27

la **persona** person 16 B; 42

pertenecer *pertenezco* to belong 39 B

el **peruano** Peruvian 21

la **pesca** fishing 16 B; catch 18

el **pescado** fish 16 B; 29

el **pescador** fisherman 18

la **peseta** peseta (unit of Spanish currency) 6

el **petróleo** oil 39 B

la **página** page 34*

el **pico: las tres y —** just gone 3 o'clock 14

el **pie** foot 35; **a — on** foot 8

la **pierna** leg 35 i

el **pimiento** (red or green) pepper 29

el **pin-pon** ping-pong 41*

el **pintor** painter 37

la **pipa** pipe 9

los **Pirineos** Pyrenees 3 B

la **piscina** swimming pool 14

el **piso** floor 20; flat 21

la **planta baja** ground floor 29

plantar to plant 27

la **plata** silver 39 B

el **plátano** banana 29

el **plato** plate, dish 29

la **playa** beach 17

la **plaza** square 4

a plazos by instalments 38

la **población** population 26 B

pobre poor 26 B; 39

poco not much 5; **un — de** a little 15

pocos, -as few 43

poder *ue* to be able 14

la **policía** police (force) 37; el **— policeman** 40

el **pollo** chicken 29

pone (que) it says 20

poner *pongo* to put 24 **poner un bar** to open a bar 26 B **poner la mesa** to lay the table 29 **poner un taller** to set up a workshop/ factory 38 **ponerse en la cola** to join the queue 36 **ponerse triste** to be/feel sad 36

¡póngame! I'll take .., may I have . . .? 29

pongo ¿(poner)? shall I put? 24

por in 7; on 29; in, round 36; by, on 38; on, along 41

por ciento per cent 17 **por ejemplo** for example 16 B **por eso** therefore 13 **por esto** for this reason 19 B; 31

por favor please 4

¿por qué? why? 5

porque because 5

el **portal** main door 36

la **portera** caretaker 20

el **portero** caretaker, porter 4

la **portería** porter's lodge 20

portugués Portuguese 18; el **— Portuguese** (language) 39 B

poseer to possess 26 B

la **postal** post card 6

el **postre** sweet (course) 29

practicar to go in for (a sport) 33*

práctico convenient 10

el **precio** price 10

preferir *prefiero* to prefer 33

preguntar to ask 4

¡pregunte a! ask! (to usted) 4

preparar to get ready 18

presente present 14

prestarle atención a alguien to pay attention to someone 33

la **primavera** spring 15

primer/o first 13*; 14; 20

de primera first class 25

primero first(ly) 25

el **primo** cousin 14

principal main 16 B; **— mente** mainly 19 B

la **prisa** haste, hurry; **tener — to be in a hurry** 29

el **problema** problem 19

producir *produzco* to produce 43 B

se produce (*producir*) is produced 26 B

el **producto** product 39 B

el **profesor** teacher 21

la **profesora** teacher (f) 14

pronto soon 5; quickly 14

la **propina** tip 10

propio own 43 B

próximo next 21

público public 31

pudo (pret. *poder*) he/she/you (usted) could, were able to 42

el **pueblo** village 13

la **puerta** gate 19; door 23

el **puerto** port 16 B; 18

pues since, because 41*

pues regular on not too bad 4

puesto (past part. *poner*) put 29

el **puesto** stall 29; job, post 38

el **punto** point; **en punto** exactly, sharp (time by clock) 22

puse (pret. *poner*) I put 40

Q

que who 5; which, that 7; than 19

¿qué? what? which? 1

¿qué tal? how are things? 4

quedan: no quedan there are none left 8

quedarse *me quedo* to stay 18

querer *ie* to want 13; to love 38

querido dear 15

el **queso** cheese 10

¿quién? who? 5

¿de quién es? whose is it? 8

quince fifteen 6

quinientos five hundred 11

quisiera I should like 35

quizás perhaps 17*

R

la **ración** portion 33

la **radio** radio 10

el **ramo** bunch 42

el **rastro** Madrid fleamarket 19

la **razón: tener — to be** right 25

el **Real Madrid** football team 33*

la **rebaja** (price) reduction 12

la **recepción** reception desk 7

la **receta** prescription 35

recibir to receive 21

el **recibo** receipt 32

recoger to gather, pick 30

los **recuerdos** regards, good wishes 38

el **refresco** soft drink 10

regar *ie* to water 30 B

la **región** area, region 16 B

regular fairly well, not too bad 4

religioso (of school) church 14
el reloj clock 19
rellenar to fill in (a form) 40
repartido distributed 26 B
repasar to go over, revise 14
de repente suddenly 40
la reserva de asiento seat reservation 25
la residencia guest house 13*
respirar to breathe 41
responsable responsible 41
el restaurante restaurant 5
el resto rest 18
la revista magazine 1
rico : — en rich in 16 B; **estar —** to be very good 29
el río river 3 B
robar to steal 40
el robo theft 37
la rodilla knee 35 i
rojo red 11
la ropa clothes 13
la rosa 42
roto broken 29
rubio blond, fair 10

S

el sábado Saturday 14
saber *sé* to know 21 (4); **— cocinar** to be able (know how) to cook 29
sacar to take out 22; to take, buy (a ticket) 23
la sal salt 29
la sala sitting room 14 ; **— de espera** waiting room 35*
salado salted 29
salgo (*salir*) I get out 21
la salida departure 25 i
salir *salgo* to get out 21; to go out, leave 25; **— de casa** to leave home 18
el salitre saltpetre 39 B
el saludo: saludos all the best 15
salvar to retrieve 36
el santo Saint's day 15
la sardina sardine 16 B; 18
satélite: el barrio — suburb 19 B
se: no se puede . . . one can't . . . 41 ; (refl. pron.) 18
sé (pres. *saber*) I know 4
la sed thirst; **tener —** to be thirsty 13
en seguida at once 10
segundo second 13*; 20; **de segunda** second class 25; **de segunda mano** second hand 38
seis six 4
el sello stamp 6
la semana week 12
sencilla (*habitación —*) single (room) 13*
estar sentado to be seated/sitting 29
sentarse *me siento* to sit down 33
el señor gentleman 1

la señora lady 2
los señores Mr. and Mrs. 29
la señorita young lady 3
septiembre September 15
ser *soy* to be 14
el sereno nightwatchman 36
la servilleta serviette 29
servir : ¿en qué puedo servirle? can I help you? 40
setecientos seven hundred 11
sexto sixth 29
si if 8; why 23
sí yes 1
siempre always 10
¡siéntese! (imp. *sentarse*) sit down! 35; 40
lo siento (*sentir*) I'm sorry 32
siete seven 6
el siglo century 39 B
el siguiente next 35
la silla chair 7
el sillón armchair 24
simpático nice, likeable 7
sin without 34*
la sirena siren 38
el sistema de riego irrigation system 30 B
situado situated 19 B
sobre over 15; on 21; **— todo** chiefly 19 B
el sobrecito small packet 29
el sol sun 15; **hace —** it's sunny 15
el soldado soldier 19
sólo only 10
solo alone 22
el soltero bachelor 27
la solución solution 41
la sombra shade 15
el sombrero hat 39
son (*ser*) they are (i.e. cost) 6; they are 7; it is (clock) 14
sonar *ue* to ring 14
soy (*ser*) I am 14
Sr. i.e. **señor** 32
Sra. i.e. **señora** 32
Srta. i.e. **señorita** 15
Sr. D. written style used with a man's first name and surname
su his, her, your (Vd. & Vds.), their 14
subir to go up 20*; to get in 21
sucio dirty 29
el sucre unit of Ecuadorian currency 39
sudamericano South American 39 B
sudar to perspire 22
Suecia Sweden 17
sueco Swedish 17
el sueño sleep; **tener —** to be sleepy 22
Suiza Switzerland 26 B; 38
la superficie area 39 B
el supermercado supermarket 29
el sur south 3 B; 13; **al — de** to the south of 18
suyo his, hers, yours (Vd. & Vds.), theirs 28

T

el tabaco tobacco 1
el taburete bar stool 10
el taller workshop, factory 38
también also, too 1
tampoco neither 14
tanto . . . como (as much (many) . . . as 19 B
tantos as\so many 41
las tapas appetizers 33
la taquilla box office 23
la taquillera box office clerk 36
tardar en to take (time) in 17
tarde late 10; **más — later** 15
la tarde afternoon, evening 7; **esta — this** afternoon/evening 14
el taxi taxi 29
el taxista taxi driver 37
la taza cup 7
el té tea 10
te refl. pron. 18; you (dir. obj.) 23; (to) you (ind. obj.) 32
los tejanos jeans 12 i
la tele(visión) television 14
el teléfono telephone 7*; 12
el televisor TV receiver 17
la temperatura media average temperature 16 B
la temporada a while, a time 26 B
el tenedor fork 29
tener */ie/tengo* to have 14
tener 8 años to be 8 years old 8 **tener calor** to be hot/warm 15
tener cuidado to take care 35 **tener frío** to be cold 15 **tener ganas (de)** to want (to) 22 **tener hambre** to be hungry 13 **tener prisa** to be in a hurry 29 **tener razón** to be right 25 **tener sed** to be thirsty 13 **tener sueño** to be sleepy 22
tener que to have to 14
¡tenga! (imp. *tener*) here you are! 6
tengo (*tener*) I have 8
el tenis tennis 33*
tercer/o third 13*; 20
terminar to finish 10
la terraza terrace 33
terrible awful, terrible 35; 40
el territorio territory 39 B
textil textile 13
ti you 29
la tía aunt 23
el ticket chit 32
el tiempo time 17; weather 15; **¿qué tiempo hace?** what's the weather like? 15
la tienda shop 9
tiene (*tener*) he/she/has, you (Vd.) have 8
la tierra land 19 B
toca: le toca a él it's his turn 36

el tocadiscos record player 38
todavía still 21
todo all 10; everything 29; **— el día** all day 10
todos, -as all 19 B; **todos los años** every year 27
¡toma! (imp. *tomar*) here you are! (to *tú*) 23*
tomar to take, to have (drinks) 7
el tomate tomato 29
¡tome! (imp. *tomar*) take! (to Vd.) 4*; here you are! 19
la tonelada ton 30 B
la torre tower 19
la tortilla omelette 10
la tostada toast 10
en total all together, in all 10
trabajador hard-working 43
trabajar to work 5
el trabajo work 7
el tractor tractor 30
el tráfico traffic 19
traer *traigo* to bring 29
¡tráigame! (imp. *traer*) bring me! can I have? 33
el traje suit 12 i; 13
tranquilamente in peace, undisturbed 41
el transistor transistor 17
el transbordo change 21
trece thirteen 6
treinta thirty 8
el trigo wheat 19 B
tres three 1
triste sad 36
tú you 4
tu your 14
el turismo tourism 17
el/la turista tourist 16 B; 17
turístico tourist (adj.) 26 B
tuvo que (pret. *tener que*) he had to 42

U

Ud. i.e. **usted** 4
último last 33*
un/una a; one 1
la universidad university 31
uno one 1; **el — de septiembre** the 1st September 15
unos, unas some; **unos treinta** about thirty 8
usted you 2
la uva grape 29

V

va (*ir*) he/she/it goes, you (Vd.) go 3
las vacaciones holidays, vacation 15; **de — on** holiday 17
vacío empty 42
la vainilla vanilla 33
vais (*ir*): **¿adónde vais?** where are you going? 7
¡vale! OK!, understood! 19; **¿cuánto vale?** how much is it? 19
¿vamos? shall we go? 7

varios several 26 B
¿vas? (*ir*) are you going? 3
el vasco Basque 16 B
el vaso glass, tumbler 10
¡vaya! (imp. *ir*) go! 35
Vd. i.e. **usted** 36
a veces sometimes 10
la vega fields 34*
veinte twenty 8
el vendedor salesman, stallholder 20
vender to sell 13
vengo (*venir*) I come 21
venir/*ie/vengo* to come 21
la ventana window 15
ver *veo* to see 15; **a — si** let's see if 8
el verano summer 15
la verdad truth 38; **es —** that's true 15
¿verdad? are you? 17
verde green 16 B; 25
el vermú vermouth 33
verse *nos vemos* to see each other 29
el vestido dress 12 i; 23
la vez (pl. *veces*) time 20*; **a la —** at the same time 35
vi (pret. *ver*) I saw 38
la vía way 19; railway track 25 i
el viajante commercial traveller 13
viajar to travel 13
el viaje journey 23
el viajero passenger 23
la vida life 43
viejo old 19
el viento wind 15 (see *hace*)
el viernes Friday 14
el vino wine 16 B; **— tinto** red wine 3 B; 29
la viña vineyard 19 B
visitar to visit 23
visto (past part. *ver*) seen 29
viven de (*vivir*) (de) they live by 16 B; 18
vivir to/live 20
volver *ue* to come back, return 14
vosotros, -as you 10
voy (*ir*) I'm going 3; I'm coming 36
la vuelta change 6
la vuelta return; **ida y — return** (ticket) 25; **dar una —** to go for a stroll/walk 36; **— a España** round-Spain cycle race 33*
vuelto (past part. *volver*) returned 29
vuestro your 14

Y

y and 1
ya now, already 15
ya no no longer, not now 21
yo I 7

Z

la zapatería shoe shop 38
el zapato shoe 3 B; 38